Letters of Note

HEYNE
HARDCORE

Zum Autor

Shaun Usher ist Autor und alleiniger Betreiber der Blogs lettersofnote.com, listsofnote.com und speechesofnote.com. Hierfür durchforstet er die Archive dieser Welt nach faszinierenden Briefen, ungewöhnlichen Listen und inspirierenden Reden. Usher lebt mit seiner Frau Karina und seinen beiden Söhnen in Manchester. »Letters of Note – Briefe, die die Welt bedeuten« war sein erstes Buch, das gleich ein Weltbestseller wurde.

Letters of Note

Mütter

BEMERKENSWERTE BRIEFE

HERAUSGEGEBEN
VON SHAUN USHER

WILHELM HEYNE VERLAG
MÜNCHEN

Die Originalausgabe erschien unter dem Titel
Letters of Note – Mothers bei Canongate, Edinburgh

Unter www.heyne-hardcore.de finden Sie
das komplette Hardcore-Programm.

Weitere News unter www.heyne-hardcore.de/facebook

MIX
Papier aus verantwortungsvollen Quellen
FSC® C013736
FSC www.fsc.org

Verlagsgruppe Random House FSC® N001967

Lektorat: Markus Naegele
Redaktion: Loel Zwecker
Umschlaggestaltung: Eisele Grafik-Design, München,
Umschlagillustration: Martina Eisele
unter Verwendung von: Bigstock (tpinpart, lesichkadesign)
Illustrationen im Innenteil: © shutterstock/Thanaporn Pinpart
Satz: Leingärtner, Nabburg
Druck und Bindung: Kösel, Krugzell
Printed in Germany

ISBN: 978-3-453-27247-7

www.heyne-hardcore.de

Für alle Mütter,
aber im Besonderen
für meine

Inhalt

EINLEITUNG

Man könnte sagen, dass unsere erste Korrespondenz mit unseren Müttern bereits stattfindet, wenn wir das Licht der Welt noch gar nicht erblickt haben. Unsere frühesten Briefe bestehen aus Tritten, Schlägen, Schubsern und Stößen mit Kopf und Ellenbogen: eine angemessen unsanfte Vorwarnung, dass sich mindestens zwei menschliche Leben dramatisch und auf ewig verändern werden. Gelegentlich prägt diese Art der Kommunikation die gesamte Beziehung zwischen Mutter und Kind und markiert den Anfangspunkt eines lebenslangen Kampfes um Koexistenz; traurigerweise bedeutet sie in anderen Fällen die letzte Gelegenheit zu einer Verständigung überhaupt. Für die meisten jedoch sind diese aufgeregten unmittelbaren Botschaften der Beginn einer Verbindung, die ein Leben lang und gelegentlich sogar darüber hinaus anhält.

Mit *Letters of Note: Mütter* wird dieser wohl fundamentalsten und auch kompliziertesten menschlichen Beziehung durch eine Sammlung von dreißig Briefen von, an oder über Mütter ein Denkmal gesetzt. Diese Briefe werden Sie amüsieren, empören, trösten oder betrüben – je nach Ihrer Laune, dem Wochentag, dem Blick, den Ihre Tochter Ihnen gerade zugeworfen hat, dem Tonfall der letzten SMS Ihrer Mutter oder dem Grad der Schlampigkeit, mit der Ihr Sohn den Geschirrspüler ausgeräumt hat, bevor er wieder in seinem Zimmer verschwunden ist (das er übrigens seit Wochen nicht aufgeräumt hat). Und von seinem neuesten Tattoo wollen wir gar nicht erst anfangen …

Der älteste Brief in diesem Band wurde im 4. Jahrhundert n. Chr. von einem ägyptischen Mädchen verfasst, die den Tod ihrer Mutter betrauert, der jüngste von einer Engländerin, die 2018 durch einen Film dazu angeregt wurde, ihrer Mutter zu schreiben.

Aus den vielen Jahren dazwischen stammt der Brief einer enttäuschten Mutter an ihren jugendlichen Sohn, der weit hinter ihren Erwartungen zurückgeblieben war, später jedoch sein Land siegreich durch den Zweiten Weltkrieg führen sollte; ein hitziger Briefwechsel zwischen einem

Hollywoodstar und ihrer Tochter, der in den Lebenserinnerungen beider Frauen der Öffentlichkeit zugänglich gemacht wurde; ein herzzerreißender, aber auch wunderschöner Brief, in dem eine todkranke Frau ihren Töchtern von ihrem baldigen Ende berichtet; der Abschiedsbrief eines dreiundzwanzigjährigen Kamikazepiloten an seine Mutter, verfasst nur Tage vor seinem letzten Einsatz; und noch viele mehr.

Bei der Recherche für dieses Buch sind mir schon bald zwei bemerkenswerte Tatsachen aufgefallen: Zum einen schreibt die Mehrzahl der Mütter ihren Kindern, wenn diese entweder sehr jung oder noch gar nicht geboren sind – hoffnungsvolle Briefe, die diese makellosen, unschuldigen kleinen Wesen auf der Welt willkommen heißen und ihnen dringend benötigte Ratschläge mit auf den Weg geben. Zum anderen fiel aber auch auf, dass umgekehrt die meisten Briefe von Kindern an ihre Mütter dann verfasst werden, wenn sich das Leben der Eltern seinem Ende zuneigt oder bereits vorüber ist – hier handelt es sich um Abschiedsbriefe, die oft das Bedauern darüber zum Ausdruck bringen, nicht füreinander da gewesen zu sein, wenn es darauf ankam.

Langer Rede kurzer Sinn (und bitte entschuldigen Sie, wenn ich mich anhöre wie Ihre Mutter): Wir müssen unseren Müttern in der langen Zeit zwischen Geburt und Tod mehr Briefe schicken. Sie werden es uns ebenso danken wie die nächste Generation, die diese bewegende Korrespondenz einst erben wird.

Wenn Sie mich jetzt bitte entschuldigen, ich muss noch einen Brief schreiben.

Shaun Usher

2020

DU BIST EIN VORBILD

Melissa Rivers an Joan Rivers

2013

Übersetzt von Conny Lösch

Am Sonntag, dem 7. September 2014, versammelten sich unzählige Menschen vor dem Temple Emanu-El in der New Yorker Fifth Avenue, um der verstorbenen Joan Rivers die letzte Ehre zu erweisen. Rivers, die 1933 als Tochter russischer Einwanderer in Brooklyn geboren wurde, war als Komikerin dank zahlreicher Fernsehsendungen seit den Sechzigerjahren im ganzen Land bekannt. An jenem Tag wurden viele Reden im Gedenken an Rivers gehalten, unter anderem auch von ihrer Tochter Melissa, deren Gästezimmer Rivers im Verlauf der Jahre immer wieder genutzt hatte, wenn sie sich für Dreharbeiten in Los Angeles aufhielt. Nachdem Melissa einige Worte gesagt hatte, las sie zur großen Erheiterung der Versammelten den Brief vor, den sie ihrer verstorbenen Mutter im vorangegangenen Jahr geschrieben hatte.

Mom,

ich habe den Brief erhalten, den Du mir gestern Nacht unter der Schlafzimmertür durchgeschoben hast. Da ich annahm, er enthielte liebevolle Ratschläge, die Du mir ans Herz legen wolltest, freute ich mich sehr darauf, ihn zu lesen. Stell Dir nur vor, wie erstaunt ich war, als ich ihn öffnete und sah, dass er mit der Anrede »Sehr geehrte Vermieterin« begann. Im Folgenden will ich nacheinander auf Deine Beschwerden eingehen:

1. Auch wenn ich Deinen Wunsch verstehe, Deine Unterbringung durch eine Vergrößerung der Räumlichkeiten »aufzuwerten«, so kann ich doch Cooper (den dreizehnjährigen Sohn) nicht guten Gewissens in die Wäschekammer abschieben. Ich gebe Dir recht, er würde dort im Hinblick auf das Falten und Zusammenlegen von Wäsche viel fürs Leben lernen, aber da ich ihn künftig nicht in der Reinigungsbranche sehe, muss ich dies ablehnen.

Ich weiß, dass Du ein wahres kreatives Genie bist (und ich habe große Achtung vor Deinen Eingebungen), aber ohne meine Zustimmung eine Wand einzureißen, ist kein geeignetes Mittel, dieser Kreativität Ausdruck zu verleihen. Es handelt sich dabei nicht nur um eine Grenzüberschreitung, sondern auch um einen Verstoß gegen die Bauvorschriften. Außerdem wird der Handwerker erst nächste Woche kommen, Deine Erweiterungspläne müssen daher aufgeschoben werden.

2. Betrifft Deinen »Mitbewohner« (Deine Formulierung), Cooper. Es ist nicht okay, meine Regeln zu unterlaufen, wenn ich ihn Deiner Obhut anvertraue. Es ist nicht okay, wenn Du ihm Chips und Eis zum Abendessen erlaubst. Es ist nicht okay, wenn Du ihn die Schule schwänzen lässt und stattdessen mit ihm ins Kino gehst. Und es ist wirklich überhaupt nicht okay, wenn es sich bei dem Film um *Der letzte Tango in Paris* handelt.
Was Deine Einladung seiner Freunde in einen »Gentlemen's Club« betrifft, so akzeptiere ich Deine Begründung, es handle sich um eine

lehrreiche Erfahrung für die Kinder – Du hast recht, er ist derzeit der beliebteste Junge an der Schule –, aber mir wäre es lieber, er würde Biologie nicht von diesen »Gentlemen« und ihren Damen Bambi, Trixie und Kitten lernen. Auch kann ich mich Deiner Behauptung nicht anschließen, ich hätte eine feindliche Atmosphäre geschaffen, nur weil ich Dich angeschrien habe.

3. Obwohl ich mich freue, dass Du Dich mit Freunden triffst, musst Du den Whirlpool nach Deinen Partys wieder auffüllen. Tatsächlich wirst Du die Partys insgesamt reduzieren müssen. Stell Dir vor, wie erstaunt ich war, als ich die Oben-ohne-Fotos Deiner ausgelassen im Whirlpool scherzenden Freundinnen gesehen habe, die Du auf Facebook gepostet hast.
   Ich finde es toll, dass Du öfter Leute einlädst, aber ich kann die Beschwerden der Nachbarn über die lauten Partyspiele wie *Ring Around the Walker*, *Naked Duck* oder *Duck Caregiver* nicht länger ignorieren.
   Ich stelle Dir gerne das Haus für ein geselliges Beisammensein zur Verfügung, aber Du

kannst es nicht an andere vermieten, als »Party-Zentrale« bewerben oder dort T-Shirts mit dem Aufdruck »F… Jimmy Buffett« verteilen. Abschließend hoffe ich, dass ich auf Deine Beschwerden und Fragen zu Deiner Zufriedenheit eingegangen bin. Ich habe Dich sehr gerne bei mir zu Hause und bin für jede Minute dankbar, die Cooper und ich mit Dir verbringen dürfen. Du bist ein Vorbild. Und seit dreißig Tagen mit der Miete im Verzug.

Alles Liebe

Melissa

ICH WEISS MUTTER, ICH WEISS

Anne Sexton an Linda Sexton

April 1969

Übersetzt von Ruth Keen

Anne Sexton, geboren 1928 in Newton, Massachusetts, litt einen Großteil ihres Erwachsenenlebens unter einer bipolaren Störung. Ihre psychischen Probleme verstärkten sich noch, als sie im Alter von Mitte und Ende zwanzig ihre beiden Töchter bekam. Während eines Klinikaufenthalts 1955, als Linda, ihre erste Tochter, zwei Jahre alt war, begann Sexton auf Anraten ihres Therapeuten Gedichte zu schreiben – was ihr half, gegen ihre Suizidgedanken anzukämpfen, sodass ihre Familie und Freunde wieder Hoffnung schöpften. Auf einer Reise 1969, zwei Jahre bevor sie für ihre Lyriksammlung *Live or Die (Lebe oder Stirb)* den Pulitzerpreis erhielt, schrieb Sexton ihrer damals fünfzehnjährigen Tochter Linda eine Botschaft für die Zukunft. Fünf Jahre nachdem dieser gefühlvolle Brief entstanden war, nahm sich Anne Sexton schließlich doch das Leben. Sie war fünfundvierzig Jahre alt.

Mittwoch, 14:45 Uhr

Liebe Linda,

ich sitze in einem Flugzeug auf dem Weg nach St. Louis, wo ich eine Lesung halten soll. Vorhin habe ich eine Geschichte im *New Yorker* gelesen, die mich an meine Mutter erinnerte, und da habe ich ihr zugeflüstert, hier so ganz allein auf meinem Platz: »Ich weiß, Mutter, ich weiß.« (Hab einen Stift gefunden!) Ich dachte an Dich – wie Du eines Tages ganz allein irgendwo hinfliegst und ich vielleicht tot bin und Du mit mir reden willst.

Ich will Dir antworten. (Linda, es muss ja nicht im Flugzeug sein, es kann genauso gut an irgendeinem Nachmittag sein, wenn Du selber vierzig bist und an Deinem *eigenen* Küchentisch sitzt und Tee trinkst. *Jederzeit*.) – Lass mich Dir sagen:

1. Ich liebe Dich.
2. Du hast mich *nie* enttäuscht.
3. Ich weiß. Ich habe das auch durchgemacht. Ich

war *auch* mal vierzig und hatte eine Mutter, die tot war und die ich noch gebraucht hätte.

Hier kommt meine Nachricht an die vierzigjährige Linda. Ganz gleich, was geschieht, Du warst immer mein kleiner Bobolink*, meine einzigartige Linda Gray. Das Leben ist nicht leicht. Es ist furchtbar einsam. *Ich* weiß das. Jetzt weißt auch Du es – wo immer Du bist, Linda, und gerade mit mir redest. Aber ich hatte ein gutes Leben – ich habe zuerst »unglücklich« geschrieben –, aber ich habe es bis zum Anschlag ausgekostet. Tu das auch, Linda, koste es bis zum ANSCHLAG aus! Geh aufs Ganze. Ich liebe Dich, meine vierzigjährige Linda, und ich liebe, was Du tust, was Du im Leben für Dich entdeckst, was Du bist! – Sei eine selbstbestimmte Frau. Sei ein Teil von denen, die Du liebst. Rede mit meinen Gedichten und rede mit Deinem Herzen – ich bin in beiden, wenn Du mich brauchst. Ich habe gelogen, Linda. Ich habe meine Mutter sehr wohl geliebt, und sie

---

* Eine amerikanische Vogelart.

hat mich geliebt. Sie hat mich nie in den Arm genommen, aber sie fehlt mir; darum muss ich so tun, als hätte ich sie nie geliebt – oder sie mich! Dumme Anne! So, da hast Du's!

XOXOXO

Mom

ICH BIN DANNY DEVITOS MUTTER

Julia DeVito an Kirk Douglas

1973

Übersetzt von Markus Naegele

1973 – ganz am Anfang seiner langen und glanzvollen Schauspielerkarriere – erhielt Danny DeVito eine Rolle in *Scalawag – Der Pirat der 7 Meere*, ein heute nahezu vergessener Film, in dem der damals bereits berühmte Kirk Douglas Regie führte und auch die Hauptrolle spielte. Der Film erhielt, wenn überhaupt, äußerst lauwarme Kritiken. Doch immerhin eine Person – DeVitos Mutter Julia – war unendlich stolz auf den Film und schrieb Kirk Douglas einen begeisterten Brief, um ihm dafür zu danken, dass ihr Sohn darin mitspielen durfte. Jahre später sollte Julia selbst an der Seite ihres Sohnes in der erfolgreichen Sitcom *Taxi* zu sehen sein. Nachdem sie 1987 verstorben war, druckte Douglas ihren Brief im Jahr darauf in seiner Autobiografie ab. Und im Jahr 1991 verlas Danny DeVito ihn schließlich öffentlich bei den AFI-Awards, als er Kirk Douglas für sein Lebenswerk ehrte.

Sehr geehrte Herr und Frau Douglas,

ich bin Danny DeVitos Mutter, und ich möchte Ihnen beiden dafür danken, dass Sie meinem Sohn eine Rolle in Ihrem Film »Scallywag« gegeben haben. Unsere Familie hat den Film gemeinsam im Paramount in New York City gesehen, er war großartig. Einige meiner Freunde und Verwandten haben den Film in Florida gesehen und mich heute angerufen und gesagt, dass Danny darin toll war und ihnen seine Schauspielleistung gefallen hat. Das hat mich sehr stolz gemacht. Halb Asbury Park wartet nur darauf, dass der Film hier anläuft. Meine Tochter besitzt einen Schönheitssalon in Neptune, New Jersey, und hat darin ein Schild aufgehängt, auf dem steht: »Scallywag läuft demnächst auch hier.« Sie sehen also, die Werbetrommel wird gerührt.

Liebe Grüße an Ihren Sohn Michael, er hat ein Wochenende bei uns verbracht & wir lieben ihn & wir schauen donnerstags auch immer *Die Straßen von San Francisco*.

Ich möchte Ihnen noch einmal ganz herzlich danken, dass Sie meinem Sohn eine Rolle in Ihrem Film gegeben haben. Es ist toll, neben einem so großen Filmstar wie Ihnen spielen zu dürfen.

Mit herzlichen Grüßen

Mrs. Dan DeVito

LEUCHTE STETS UND STÄNDIG

Caitlin Moran an Lizzie Moran

Juli 2013

Übersetzt von Stephan Glietsch

Die englische Journalistin und Autorin Caitlin Moran wuchs als Älteste von sieben Geschwistern einer Arbeiterfamilie in Wolverhampton auf. Heute lebt und arbeitet sie in Brighton. Seit ihrer Teenagerzeit schreibt sie für ein breites Publikum und wurde bereits mit fünfzehn Jahren von der Zeitung *The Observer* als »Young Reporter of the Year« geehrt. Es war die erste von vielen Auszeichnungen, die sie seither für ihre Arbeit erhielt. Selbst zweifache Mutter, schrieb sie 2013 einer ihrer Töchter diesen Brief. Damals erklärte sie: »Meine Tochter wird bald dreizehn Jahre alt, und ich rauche in letzter Zeit viel. Deshalb habe ich – in den frühen Morgenstunden, wenn meine Lungen sich anfühlen, als ob eine kleine Maus daran kratzt, um herauszukommen – darüber nachgedacht, ihr einen dieser ›Jetzt, da ich tot bin, bleibt Dir dieser Brief von mir, den Du zurate ziehen kannst, um Dein nun mutterloses Leben fortzusetzen‹ Briefe zu schreiben. Hier ist mein erster Entwurf. Später peppe ich ihn vielleicht noch etwas auf. Nach einer weiteren Kippe.

Liebe Lizzie,

hallo, ich bin's, Deine Mum … hör mal, es gibt da ein paar Dinge, die ich im Leben gelernt habe und die Du in den kommenden Jahren vielleicht hilfreich finden wirst. Es ist keine erschöpfende Liste, aber es ist ein guter Anfang. Dazu kriegst Du 'ne Menge Geld von meiner Lebensversicherung – also stürz Dich bei eBay wie wild auf diese gebrauchten Vintage-Kleider, auf die Du so stehst. Du hast immer wunderschön darin ausgesehen. Du hast *immer* wunderschön ausgesehen.

Das Wichtigste ist, stets zu versuchen, nett und freundlich zu sein. Das bist Du sowieso schon – so entzückend, dass ich platze vor Stolz, mein Schatz –, deshalb möchte ich einfach bloß, dass Du daran festhältst und niemals davon ablässt. Lass Dein Licht allmählich aufleuchten, wie mit einem Dimmer, wann immer Du kannst. Entscheide Dich einfach zu leuchten, stetig und ausdauernd, wie eine warme Leselampe in der Ecke, dann suchen die Menschen Deine Nähe, um sich wohlzufühlen und klarer sehen zu können. Sei hell und beständig in einer Welt der Dunkelheit und des Wandels, das erspart Dir die Frustration anderer, letztlich weniger befriedigender Dinge wie »cool sein«, »erfolgreicher als alle anderen sein« oder »sehr dünn sein«.

Zweitens: Vergiss nie, dass Du in neun von zehn Fällen vermutlich keinen totalen Nervenzusammenbruch hast – meistens brauchst Du bloß eine Tasse Tee und einen Keks. Du wirst erstaunt sein, wie leicht und wie häufig man das eine Gefühl mit dem anderen verwechselt. Besorg Dir eine große Keksdose.

Drittens: Heb Regenwürmer immer vom Bürgersteig auf und leg sie ins Gras. Bei ihnen läuft es vielleicht grade nicht so rund, und sie sind gut für … die Erde oder irgendwas (frag lieber noch mal bei Papa nach, ich kenn mich da nicht so aus).

Viertens: Wähle Deine Freunde danach aus, dass Du in ihrer Gegenwart ganz Du selbst sein kannst, dass Du mit ihnen scherzen kannst und Dich, wenn Du mit ihnen zusammen bist, immer fühlst, als hättest Du Deine schicksten Sachen an, selbst wenn Du nur ein T-Shirt trägst. Liebe niemals jemanden, den Du glaubst verbessern zu müssen – oder der Dir das Gefühl gibt, Du müsstest verbessert werden. Es gibt Jungs da draußen, die halten nach strahlenden Mädchen Ausschau. Sie werden an Deiner Seite stehen und Dir mit leiser Stimme Dinge ins Ohr sagen, die nur Du hören kannst, und Dir langsam die Freude aus dem Herzen saugen. Die Bücher über Vampire sind wahr, Liebling. Ramm ihnen einen Pflock ins Herz und lauf davon.

Sei im Einklang mit Deinem Körper. Betrachte ihn niemals als Problem oder ein Versagen, solange er gesund ist. Tätschle hin und wieder Deine Beine und danke ihnen dafür, dass Du laufen kannst. Leg Deine Hände auf den Bauch und erfreue Dich daran, wie weich und warm Du bist – staune darüber, wie die Welt in Dir tickt, über dieses geniale fleischgewordene Uhrwerk. So, wie ich es getan hab, als Du in meinem Bauch warst und ich jede Nacht von Dir geträumt habe.

Wann immer Du in einem Gespräch nicht weißt, was Du sagen sollst, stell den Leuten einfach Fragen. Selbst wenn Du neben einem Mann sitzt, der Schrauben und Bolzen von vor 1970 sammelt, Du wirst vermutlich keine zweite

Chance haben, so viel über Schrauben und Bolzen von vor 1970 zu erfahren, und man kann nie wissen, wofür das einmal gut ist.

Das führt mich zu meinem nächsten Tipp: Das Leben lässt sich aufteilen in ERFREULICH TOLLE ZEITEN und SCHRECKLICHE ERFAHRUNGEN, DIE SPÄTER MAL TOLLE GESCHICHTEN ABGEBEN. Du kannst jede noch so fürchterliche Erfahrung überstehen, wenn Du Dir ausmalst, wie Du später Deinen Freunden davon erzählst und sie mit zunehmender Fassungslosigkeit »NEIN! NEIN!« schreien. Ich wette, als er am Kreuz hing, hat selbst Jesus gedacht: »Das werden die Jünger nicht glauben, wenn ich in drei Tagen auferstehe und ihnen davon erzähle.«

Meine Süßeste, schau Dir so viele Sonnenaufgänge und Sonnenuntergänge an, wie Du kannst. Renn über die Straße, um an dicken, fetten Rosen zu riechen. Glaub immer daran, dass Du die Welt verändern kannst – und sei es auch nur ein kleines bisschen, denn noch das kleinste Bisschen hat jemanden gebraucht, der es veränderte. Betrachte Dich als silberne Rakete – nutze laute Musik als

Deinen Treibstoff und Bücher als Karten und Koordinaten, um an Dein Ziel zu gelangen. Sei eine extravagante Gastgeberin, liebe fortwährend, tanz in bequemen Schuhen, sprich jeden Tag mit Papa und Nancy über mich und fang nie, niemals das Rauchen an. Das ist, als würde man einen lustigen Babydrachen kaufen, der irgendwann groß wird und Dein besch***enes Haus abfackelt.

In Liebe

Mami

IST ES NICHT SCHÖN, MUTTER?

E. B. White an Stanley Hart White

16. Mai 1936

Übersetzt von Teja Schwaner

Der Romanautor E. B. White schrieb einmal: »Wenn eine unglückliche Kindheit für einen Schriftsteller als unverzichtbar gilt, mangelt es mir an dieser Voraussetzung.« Sein Vater Samuel und seine Mutter Jessie waren fünfundvierzig bzw. einundvierzig Jahre alt, als Elwyn, als Erwachsener Andy genannt, ungeplant seinen Platz in der Familie beanspruchte. Sein älterer Bruder Stanley nahm ihn schon sehr bald unter die Fittiche und unterwies ihn in praktischen Dingen wie Lesen oder dem Umgang mit einem Taschenmesser. Nachdem der Vater 1935 gestorben war, zog die Mutter nach Washington, D. C., wo sie von ihrer Tochter Clara gepflegt wurde und neun Monate später an Leberkrebs starb. Ihr gesamtes Leben als erwachsene Frau hatte sie sich selbstlos für ihre Familie aufgeopfert. Nach dem Tod seiner Mutter schrieb Andy an seinen leider abwesenden Bruder und schilderte ihm ihre letzten Tage.

New York

16. Mai, Samstagabend

Lieber Bun,

Mutter ging es zunehmend schlechter, und am Donnerstag bin ich nach Washington gereist, um sie zum letzten Mal zu sehen. Bei meiner Ankunft geriet ich in ein Gewitter. Es war sehr heiß und drückend, und bei ihr am Bett stellte ich mit Bedauern fest, wie sehr sie sich ans Leben klammerte. Sie erschrak vor dem Donnern und fürchtete sich vor den Blitzen. Ihr Leiden schien schlimmer zu sein, als es jemand hätte ertragen können. Aber als am nächsten Tag ein klarer, kühler Morgen erstrahlte, ging ich zu ihr und traf sie in einer seltsam überschwänglichen Verfassung an. Die Schmerzen schienen verschwunden zu sein, und sie sprach mit fieberhafter Begeisterung über das Erlebnis des Todes, von dessen Schönheit sie uns unbedingt überzeugen wollte (solange sie noch die Kraft dazu besaß). Sie stand unter dem Einfluss starker Medikamente und hatte größte Mühe, ihr Augenmerk konzentriert auf uns zu richten, doch sie konnte uns davon überzeugen, dass sie den friedvollen Weg zu ihrem Ende gefunden hatte.

Wie viel davon Selbsttäuschung war und wie viel barmherzige Wahrheit, werde ich nie erfahren. Sie schien in einem spirituellen Rausch zu schwelgen. Ich sagte: »Ist es nicht schön, Mutter?«, (womit ich das Wetter meinte). Und sie erwiderte mit erstaunlicher Inbrunst: »O mein Gott, mein Gott – wie unendlich schön«, (womit sie den Tod meinte). Clara nahm ihre Hand und sagte: »Mutter, du fühlst dich doch wohl, oder?« Sie antwortete: »Absolut.« »Und du bist auch rundum glücklich?« »Absolut glücklich.« Nach dem, was wir zuvor hatten erleben müssen, waren wir jetzt überaus erleichtert. Drüben auf der anderen Straßenseite hörte Mutter manchmal die Kinder der Gemeindeschule singen. Sie erzählte davon und betonte, wie viel es ihr bedeutete. Anscheinend war sie auch von den katholischen Symbolen überaus angetan, die ihr viel Trost spendeten – zum Beispiel das große Kruzifix am Fußende ihres Betts. Ab und zu ließ ein plötzlicher Schmerz sie zusammenzucken, und dann flüsterte sie: »Oh, oh, oh« und fügte schnell zu unserer Beruhigung hinzu: »Das hat überhaupt nichts zu bedeuten, das bedeutet absolut nichts.« Ihr ganzes Sinnen schien darauf ausgerichtet, uns davon zu überzeugen, dass es ihr gut ginge. Sie starb noch an jenem Abend gegen zehn Uhr. Clara war bei ihr.

Heute empfing sie von Burr Davis die Letzte Ölung. Es gab eine elektrische Orgel, dazu die welken Lilien, die alten farbigen Bediensteten, die stumm und andächtig zusammen mit den Nachbarn von der anderen Straßenseite in der kleinen Kapelle saßen, dem Arzt, der nicht wusste, dass sie Leberkrebs hatte, und dem Pfarrer, der davon überzeugt war, dass ihre Seele in den Himmel aufsteigen werde. Danach fuhren wir erschöpft hinaus nach Ferncliff, hielten an jeder roten Ampel und hörten uns die Anekdoten an, mit denen der unermüdliche Mr. Scholz aufwartete. Ich ging los und fand Vaters Grabstein, der meiner Meinung nach in gutem Zustand war. Wir müssen einen ähnlichen besorgen.

Das hier ist ein unvollkommener Bericht über die Ereignisse der letzten Tage, aber ich dachte,

Du möchtest zumindest über die bloßen Tatsachen informiert sein. Es kommt einem unwahrscheinlich vor, dass Sam und Jessie innerhalb eines einzigen Jahres ihr gutes Leben hinter sich gelassen haben.

Für immer Dein

Andy

IN ZWEI TAGEN MUSS ICH STERBEN

Ichizō Hayashi an seine Mutter

März 1945

Übersetzt von Norbert Jakober

Im Oktober 1944 wurde das bereits stark geschwächte Japanische Kaiserreich zunehmend von den alliierten Streitkräften unter Druck gesetzt. Obwohl die Niederlage unausweichlich schien, weigerte sich Japan zu kapitulieren und griff zu einer letzten verzweifelten Maßnahme. Durch den Einsatz von Kamikazefliegern versuchte man, dem Feind größtmöglichen Schaden zuzufügen. Es handelte sich hauptsächlich um junge, unerfahrene Piloten, die speziell darauf vorbereitet wurden, ihre mit Sprengstoff beladenen Flugzeuge über feindlichen Kriegsschiffen zum Absturz zu bringen. In ihrer Ausbildung wurde den jungen Piloten versichert, dass ihnen im Augenblick des Todes das Gesicht ihrer Mutter und die schönsten Momente ihrer Kindheit erscheinen würden. Wie die folgenden Zeilen zeigen, waren die Abschiedsbriefe der jungen Männer an ihre Eltern dennoch von Angst, Bedauern und Sehnsucht nach ihrem Zuhause und der Familie geprägt.

Ichizō Hayashi starb am 12. April 1945 im Alter von dreiundzwanzig Jahren bei einem Selbstmordangriff östlich der Insel Okinawa.

Mutter,

heute ist der Tag, an dem ich Dir eine traurige Mitteilung machen muss.

Ich weiß, Du liebst mich mehr, als ich Dich jemals lieben kann. Wie wirst Du auf diesen Brief reagieren? Es tut mir so leid.

Ich hatte eine wirklich glückliche Kindheit. Vielleicht bin ich zu sehr verwöhnt worden. Aber das ist nicht meine Schuld. Ich hatte Dich eben lieb und habe es genossen, von Dir verhätschelt zu werden.

Ich bin stolz, als Pilot für eine »Spezialangriffseinheit« auserwählt worden zu sein, trotzdem kann ich die Tränen kaum zurückhalten, wenn ich an Dich denke.

Du hast so viel getan, um mich auf das Leben und die Zukunft vorzubereiten, und es macht mich traurig, dass ich sterben muss, ohne Dir irgendetwas zurückgeben zu können – keine Freude, nicht einmal die kleinste Genugtuung. Ich kann wohl kaum von Dir verlangen, dass Du das Opfer meines Lebens mit Freude und Stolz akzeptierst, auch wenn es noch so ehrenhaft sein mag. Darum will ich nicht weiter davon sprechen.

Nie hätte ich es gewagt, das junge Mädchen abzuweisen, das Du Dir als meine Ehefrau gewünscht hast. Ich wollte Deine Zuneigung nicht verlieren und habe mich so über Deine Briefe gefreut.

So gerne hätte ich Dich noch einmal gesehen, um vielleicht in Deinen Armen einzuschlafen. Aber der einzige Ort, an dem ich mich mit Dir hätte treffen können, ist Moji. Denn in zwei Tagen werde ich aufbrechen, um zu sterben.

Es kann sein, dass ich über Hakata fliege. Dann werde ich Dir von hoch oben über den Wolken ein stilles Lebewohl sagen. Mutter, Du hast Dir immer eine strahlende Zukunft für mich erträumt, und jetzt muss ich Dich enttäuschen. Nie werde ich vergessen, wie aufgeregt Du warst, wenn ich eine Prüfung vor mir hatte. Dieser Einheit habe ich mich angeschlossen, obwohl Du dagegen warst. Jetzt wird mir klar, dass ich wohl besser daran getan hätte, Deinem Rat zu folgen.

Versuche bitte, Dich damit zu trösten, dass ich ein sehr guter Pilot bin. Es kommt nicht oft vor, dass ein Angehöriger der Luftwaffe mit so wenigen Flugstunden für eine solche Mission auserwählt wird.

Wenn ich tot bin, hast Du immer noch Makio. Du hast mich bevorzugt, weil ich der Ältere bin, aber glaub mir, Makio taugt viel mehr als ich. Er kümmert sich vorbildlich um die Familie. Du hast außerdem meine Schwestern Chiyoko und Hiroko und Deine Enkelkinder.

Sei nicht traurig. Meine Seele wird Dir immer nahe sein. Deine Freude wird meine sein, aber wenn Du betrübt bist, werde ich es auch sein.

Manchmal verspüre ich den Wunsch, auszubrechen und zu Dir zurückzukommen, aber das wäre Feigheit.

Als ich getauft wurde, hat der Priester diese Worte gesprochen: »Löse dich von deinem Ich«. Daran erinnere ich mich noch gut. Ich werde meine Seele unserem Erlöser anvertrauen, bevor ich sterbe, von amerikanischen Kugeln durchbohrt. Denn alles liegt in Gottes Hand. Für den, der in Gott lebt, ist Leben und Tod einerlei. Auch Jesus hat gebetet: »Dein Wille geschehe«.

Jeden Tag lese ich in der Bibel. Dann fühle ich mich Dir sehr nahe. Wenn ich in den Tod fliege, werde ich die Bibel und das Buch der Psalmen bei mir im Flugzeug haben. Ich werde auch das Missionsabzeichen mitnehmen, das mir der Direktor der Akademie verliehen hat, und Dein Medaillon.

Vielleicht habe ich die Sache mit der Heirat nicht ernst genug genommen. Es soll nicht der Eindruck entstehen, dass ich meine Verlobte und ihre Familie nicht respektiere. Kannst Du ihr bitte erklären, dass es besser ist, die Sache zu beenden? Ich hätte sie wirklich gerne geheiratet. Gerne hätte ich Dir diese Freude gemacht. Aber dafür ist es jetzt zu spät.

Um eines möchte ich Dich noch bitten: dass Du mir verzeihst. Aber ich weiß, ich kann ohne Sorge gehen, denn Du verzeihst mir ja immer. Wenn Du wüsstest, Mutter, wie ich Dich bewundere! Du warst immer schon so viel tapferer als ich. Wie oft hast Du Dich zu Dingen durchgerungen, die unbequem und schmerzlich waren – etwas, das ich nicht fertigbringe. Dein einziger Fehler ist, dass Du mich zu sehr verwöhnt hast.

Aber ich wollte es ja selbst so, also mache ich Dir deswegen keinen Vorwurf.

Wenn ich mich mit meinem Flugzeug auf den Feind stürze, werde ich dafür beten, dass alle Deine Gebete erhört werden. Ich habe Ueno gebeten, Dir diesen Brief zu überbringen, aber Du darfst ihn niemandem zeigen. Ich schäme mich dafür. Irgendwie kommt es mir vor, als wäre es nicht ich, auf den der Tod wartet. Wenn ich daran denke, dass ich Dich nie wiedersehen werde, überkommt mich eine tiefe Traurigkeit.

DEINE GESPANNTE MUTTER

Jessie Bernard an ihr ungeborenes Kind

4. Mai 1941

Übersetzt von Lisa Kögeböhn

Die renommierte amerikanische Soziologin Jessie Bernard forschte und lehrte bis zum Jahr 1964 an mehreren Instituten. Erst nach ihrer Pensionierung schrieb sie die meisten Artikel und Bücher wie *The Future of Marriage* und *The Female World*, für die sie heute berühmt ist, und wurde damit zu einer der bedeutendsten Stimmen des Feminismus. Dies alles vollbrachte sie als alleinerziehende Mutter dreier Kinder. Ihr Mann Luther war 1951, nur sechs Monate nach der Geburt ihres dritten Kindes, an Krebs gestorben. Im Jahr 1941, schwanger mit ihrem ersten Kind, schrieb die achtunddreißig Jahre alte Jessie ihrer ungeborenen Tochter einen Brief. Als Dorothy Lee einen Monat alt war, schrieb Jessie ihr einen zweiten Brief.

4. Mai 1941

Mein Liebstes,

heute in elf Wochen wirst Du bereit sein für diese Welt hier draußen. Und was für eine Welt ist es in diesem Jahr! Dieser Frühling war der schönste, den ich je erlebt habe. Miss Morris (eine Universitätskollegin) sagt, das liege daran, dass ich mich so sehr auf Dich freue. Sie sagt, die Freude über den Frühling hätte einen schöpferischen Ausdruck auf mein Gesicht gezaubert. Und sie hat recht. Doch auch die Welt an sich war so außerordentlich süß und leuchtete vor Farben. Die zarten Forsythien dufteten. Und nun wirken die Spiersträucher, über und über mit kleinen runden Blüten in schneeweißer Pracht bedeckt, wie hübsche Iglus. Ich lege den Mantel der Wissenschaftlichkeit gerade eben lange genug ab, um mir einzureden, Mutter Natur übertreffe sich selbst, nur um diese Welt für Dich vorzubereiten. Doch möchte ich all diese Schönheit auch in meinen Körper aufnehmen. Denn ich kann nicht anders, als auch an jene andere Welt zu denken:

an Europa, wo Babys in eine Welt des Hungers und des Kleinwuchses geboren werden, wo Brüste vor Angst und Erschöpfung austrocknen.

Das lässt sich nicht ausblenden. Und während mein Körper in diesem idyllischen Frühling ein Wunder erschafft, denke ich doch manchmal daran, dass Kräfte am Werk sind, die in zwanzig oder fünfundzwanzig Jahren womöglich diese Schöpfung meines Körpers zerstören werden. Mein liebes Kind – der Krieg gewinnt eine grausame neue Bedeutung, wenn ich daran denke. Ich denke an all die Mütter, die ihre kostbare Fracht neun lange Monate so sorgsam getragen haben – und Du hast keine Ahnung, wie lang neun Monate sein können, wenn man ungeduldig ihr Ende herbeisehnt –, ihre Babys liebevoll an ihrer Brust genährt und sie zwanzig Jahre beim Heranwachsen beobachtet haben. Ich denke an ihren Schmerz, wenn all das zunichtegemacht wird. Dein Vater meint, Eltern sollten ihre Kinder auf Knien dafür um Vergebung bitten, dass sie sie in solch eine Welt gesetzt haben. Darin liegt viel Wahres. Doch ich hoffe, dass Du nie so empfinden wirst. Ich hoffe, Du wirst das Leben, das wir für Dich aus unserem Samen erschaffen haben, nie bereuen. Für mich ist die einzige Antwort, die eine Frau den zerstörerischen Kräften der Welt entgegensetzen kann, der schöpferische Akt. Und die berauschendste Form der Schöpfung ist die Schöpfung neuen Lebens. Ich habe so viele Träume für Dich. Es gibt so viele Eigenschaften, die ich Dir schenken würde, wenn ich nur könnte. Zunächst einmal würde ich Dich stark und zäh machen. Und wie ich mich dafür abgemüht habe! Ich habe Vitamine und Mineralien zu mir genommen statt Essen. Literweise Milch, unzählige Salatköpfe, Dutzende Eier … Stundenlange Sonnenbäder. Um Deinen Körper stark zu machen, denn nur darauf [kommt es an]. Ich würde Dir körperliche Widerstandskraft verleihen, damit Du allen Schlägen und Stößen dieser Welt zum Trotz unversehrt bleibst. Du wärst kreativ. Ich sähe Dich gern als schöpferischen Wissenschaftler. Doch wenn Dich die Willkür der Gene Künstler werden lässt, würde mich auch das glücklich machen. Und selbst wenn Du kein besonderes Talent hättest, weder künstlerisch noch wissenschaftlich, so sollst Du trotzdem kreativ sein. Etwas bauen, etwas errichten, etwas erschaffen – das ist es, was ich mir für Dich wünsche. Wenn Du einen starken Körper und einen schöpferischen Geist hast, dann wirst Du glücklich sein. Ich werde Dir dabei helfen. Schon jetzt kann ich nachvollziehen, wie sehr sich Eltern wünschen, sie könnten ihre Kinder vor Enttäuschungen und Niederlagen bewahren. Doch ich weiß auch, dass ich das Leben für Dich nicht neu erfinden kann. Du wirst leiden. Du wirst Augenblicke der Enttäuschung und der Niederlage erleben. Auch Du wirst Schläge einstecken müssen. Das kann ich Dir nicht ersparen. Aber ich hoffe, ich kann Dir dabei helfen, eine so starke, leuchtende, in sich ruhende Persönlichkeit zu werden, dass Du mit alledem fertigwirst, es Dir zu eigen machst und gestärkt daraus hervorgehst …

Noch elf lange Wochen. Bis zum nächsten Mal also, mein liebster Schatz, bis bald.

Deine gespannte Mutter

* * *

24. August 1941

Mein liebstes Töchterchen,

jetzt, da ich Deinen warmen kleinen Körper im Arm gehalten und das gierige Saugen Deiner hungrigen Lippen an meiner Brust gespürt habe, erscheinen mir meine Briefe aus dem Frühling so lebensfern und theoretisch. Jetzt, da mich Deine körperlichen Bedürfnisse ganz und gar in Anspruch nehmen, liegt jeder abstrakte Gedanke an Deine Zukunft völlig fern.

Du hast so kraftvoll getrunken, und doch war es zu wenig Milch. Wie gerne hätte ich Dich voll gestillt, doch leider habe ich nicht genug Milch für Dich. Also haben wir uns einen Kompromiss überlegt. Ich stille Dich und gebe Dir danach noch ein Fläschchen. Bisher scheinst Du nichts dagegen zu haben. Im Gegenteil, Dein positives, experimentierfreudiges Wesen zeigte sich neulich, als wir Dir zum ersten Mal mit dem Löffel Orangensaft gaben. Du hast ihn bereitwillig und freudig getrunken. Ohne Einwände. Ohne Schwierigkeiten. Wir waren begeistert, wie anstandslos Du diese Umstellung angenommen hast.

Die ersten Wochen zu Hause waren die schwersten für Dich und für uns. Ich bin so schrecklich unerfahren mit Babys, musste alles von Grund auf lernen. Und dennoch schaffst Du es immer wieder, mich vor Rätsel zu stellen. Du bist eben alles andere als ein wissenschaftlicher Gegenstand.

Was gestern noch half, wenn Du weintest, stellt sich am nächsten Tag als vollkommen wirkungslos heraus. Du schreist Dir die Seele aus dem Leib, und dann hörst Du plötzlich auf, und alles ist vergeben und vergessen. Das macht mich so ratlos. Ich wünschte, ich verstünde Dich besser.

Du scheinst eine unbändige Neugierde auf die Welt zu verspüren. Du liebst es, Dich in ihr umzusehen. Du hebst den Kopf über die Schultern und saugst mit weit aufgerissenen Augen alle Eindrücke auf. Ich kann gar nicht genug von Dir bekommen. Stundenlang sitze ich da und beobachte Dich im Schlaf oder wie Du wach in Deinem Bettchen liegst. Dein Anblick, jede

Berührung Deines kleinen Körpers ist ein großes Glück für mich.

Ich bin so vollauf damit beschäftigt, mich um Dich zu kümmern, dass ich nichts anderes schaffe, an nichts anderes denken kann. Ich hoffe allerdings, mich bald wieder besser unter Kontrolle zu haben. Nicht nur um meinetwillen, sondern auch um deinetwillen. Ich darf nicht zulassen, dass Du mich vollständig in Anspruch nimmst. Ich muss lernen, mein Leben unabhängig von Dir zu leben, um Dir eine bessere Mutter sein zu können.

Ich liebe Dich,
meine süße Tochter

ES LIEGT NUN BEI DIR

B. D. Hyman an Bette Davis

1980er

Übersetzt von Stefanie Schlatt

Als die legendäre Hollywood-Schauspielerin Bette Davis 1983 ihre Karriere beendete, nachdem sie mit zehn Academy-Award-Nominierungen den damaligen Rekord gebrochen und den Preis zweimal gewonnen hatte, wurde bei ihr Brustkrebs diagnostiziert. Es folgten eine Operation und danach mehrere Schlaganfälle, die sie halbseitig lähmten. 1985 veröffentlichte ihre Tochter Barbara dann ein umstrittenes Buch mit dem Titel *My Mother's Keeper*, in dem sie die angeblich zerrüttete Beziehung der beiden schilderte und Davis insgesamt in einem sehr schlechten Licht darstellte. Das Buch endete mit einem kurzen Brief an ihre Mutter. Zwei Jahre später brachte Bette Davis ihre Memoiren heraus und antwortete – ganz am Ende und für alle Welt zu lesen – ihrer Tochter ebenfalls in einem Brief.

Jetzt kennt man also unsere Geschichte, Mutter, und zwar nicht Deine Version davon, sondern die wahre. Du hast gehofft, dass ich eine Kämpferin werde wie Du selbst, aber ich streite mich nicht gern. Dir hat es immer eine gewisse Befriedigung – Freude will ich es lieber nicht nennen – verschafft, zu streiten und Dich aufzuführen, aber für mich ist das eine Qual. Mein Glück habe ich in Liebe und Fröhlichkeit gefunden, während Dich so etwas nur anödet. Ich habe Dir Dein Verhalten durchgehen lassen und all die Jahre versucht, Verständnis für Dich aufzubringen, weil ich Dich im Großen und Ganzen geliebt und respektiert habe. Mein Mann hat sich die meiste Zeit zähneknirschend aus der Sache herausgehalten, weil er mich geliebt hat und mein Dilemma nachvollziehen konnte. Außerdem mochte er die wahre Ruth Elizabeth, die sich uns jedoch nur ganz selten gezeigt hat …

Du hast Dich konsequent geweigert, mir zuzuhören. Du zerreißt Briefe, die Dir nicht in den Kram passen, ohne sie bis zum Ende durchzulesen. Du legst am Telefon auf, wenn Dir nicht gefällt, was man Dir sagt. Du hast Freunde und

Anwälte dazu benutzt, um Druck auf mich auszuüben und Dich gegen mich durchzusetzen, wenn Du etwas von mir wolltest, was ich nicht akzeptierte. Du hast im Lauf meines Lebens viele Rollen gespielt, manche davon auf eine brillante Art, manche auf eine niederträchtige, aber unverfälscht hast Du Dich nur vor ungefähr fünfzehn Jahren mal ein paar Jahre lang gezeigt.

Und deswegen, Mutter, werde ich es Dir jetzt heimzahlen; glaub mir, wir lassen uns nichts mehr gefallen. Ich schätze, Du hast zwei Möglichkeiten. Dazu zählt allerdings weder, dass Du mir nach diesem Buch vergibst, noch, dass Du Dir ja nur meine Liebe erhoffst …

Sieh es so, Mutter, dass ich mir jetzt Gehör verschaffe, um den Weg zu ebnen und Deinen Pfad zu begradigen. In letzter Zeit sind in meinem Leben viele Wunder geschehen, und falls mir gewährt werden sollte, was ich mir momentan erhoffe, wirst Du diesen Pfad erkennen. Ruth Elizabeth muss nichts weiter tun, als ihm bis an die Tür zu folgen, ohne eine Rolle einzunehmen oder sich zu verstellen. Die Tür wird ihr immer offen stehen.

* * *

Liebe Hyman,

Du hast ans Ende Deines Buches einen Brief an mich gestellt. Ich habe beschlossen, es Dir gleichzutun.

Ohne Zweifel steckt in Dir eine begnadete Geschichtenerzählerin. Du warst schon immer eine große Märchentante. Oft, all die Jahre lang, habe ich zu Dir gesagt: »B. D., so war es aber nicht. Das bildest du dir nur ein.«

Viele der Szenen aus Deinem Buch habe ich auf der Leinwand gespielt. Gut möglich, dass Du mein »Leinwand-Ich« mit meinem »Mutter-Ich« verwechselst.

Ich wehre mich vehement gegen das, was ich angeblich über die Schauspieler gesagt habe, mit denen ich zusammenarbeitete. Größtenteils hast Du mich auf grausame Weise falsch zitiert. Mit Peter Ustinov habe ich voller Begeisterung gespielt, und ich verehre ihn als Persönlichkeit wie auch als Schauspieler. Meine Reaktion auf die Zusammenarbeit mit Faye Dunaway hast Du korrekt dargestellt. Sie war wirklich eine sehr unangenehme Filmpartnerin. Doch das Zitat, das Du mir in den Mund legst – Sir Laurence Olivier sei kein guter Schauspieler –, ist mit allergrößter Wahrscheinlichkeit eins Deiner Hirngespinste. Nur wenige Schauspieler sind jemals in die himmelhohen Sphären seiner Leistungen vorgedrungen.

Du betonst immer wieder, dass Du dieses Buch geschrieben hast, um mir ein besseres Verständnis von Dir und Deinem Leben zu ermöglichen. Du hast Dein Ziel verfehlt. Ich bin mittlerweile völlig verwirrt, was Dich oder Dein Leben betrifft.

Alles in allem offenbart die Tatsache, dass Du dieses Buch geschrieben hast, einen ungeheuren Mangel an Loyalität und auch an Dankbarkeit für das höchst privilegierte Leben, das Dir meiner Meinung nach geschenkt wurde.

In einem der vielen Interviews, die Du gabst, um für Dein Buch zu werben, hast Du verraten, dass mein Part von Glenda Jackson gespielt werden sollte, wenn Du die Rechte daran einmal ans Fernsehen verkaufen würdest. Ich hatte gehofft, Du würdest so gnädig sein, mich zu fragen, ob ich mich nicht selbst spielen möchte.

Es gibt vieles in Deinem Buch, über das ich mit Dir streiten könnte. Ich werde über das meiste hinwegsehen. Nicht aber über die erbärmliche Kreatur, die ich Dir zufolge war und bin, weil nicht ich die Scarlett in *Vom Winde verweht* gespielt habe. Ich hätte die Rolle bekommen können, habe sie aber abgelehnt. Mr. Selznick hat versucht, meinem Boss Jack Warner die Erlaubnis abzuringen, sich Errol Flynn und Bette Davis für die Rollen des Rhett Butler beziehungsweise der Scarlett auszuleihen. Ich habe abgelehnt, weil ich fand, Errol wäre als Rhett eine Fehlbesetzung. Zu jener Zeit war einzig Clark Gable der Richtige. Deshalb, liebe Hyman, schick mich nicht zurück nach Tara, sondern lieber nach Witch Way, in unser Zuhause an der schönen Küste von Maine, wo einst ein wunderbarer Mensch namens B. D. und nicht Hyman lebte.

So wie Du Deinen Brief in *My Mother's Keeper* beendet hast – es liegt jetzt bei Dir, Ruth Elizabeth –, will ich auch meinen schließen: Es liegt jetzt bei Dir, Hyman.

Ruth Elizabeth

PS: Ich hoffe, dass ich eines Tages den Titel *My Mother's Keeper* verstehen werde. Wenn er sich aufs Geld bezieht und meine Erinnerung mich nicht täuscht, dann bin ich all die Jahre bis heute Deine Versorgerin gewesen. Und ich werde es auch weiterhin sein, denn Dein Buch ist durch meinen Namen zum Erfolg geworden.

JEDER HAT IM LEBEN EINE ROLLE

Queen Esther Gupton Cheatham Jones an Renée Cheatham Neblett

1996

Übersetzt von Nicolai von Schweder-Schreiner

Queen Esther Gupton Cheatham Jones wurde 1929 in Boston, Massachusetts, geboren und brachte 1947 eine Tochter mit dem Namen Renée zur Welt. Schon als junges Mädchen wollte Renée gern nach Afrika, 1989 zog sie dann ganz nach Ghana und gründete dort das Kokrobitey Institute, ein Bildungszentrum, das amerikanischen Studenten die Möglichkeit bietet, sich zu Lehrkräften ausbilden zu lassen und in Gesundheitsprogrammen zu engagieren. Bis zu Jones' Tod im Jahr 2000 schrieben Mutter und Tochter sich Briefe. Dies ist einer davon.

Dein letzter Brief endet recht schmeichelhaft. Du hast jedoch keinen Grund, Dich irgendwem gegenüber unterlegen zu fühlen. Unsere Beziehung als Mutter und Tochter ist dieselbe wie zwischen Dir und Sukari. Der Respekt vor dem Muttersein und der Erfahrung sollte da sein, mehr aber auch nicht. Jeder hat im Leben eine Rolle, wie schon Shakespeare sagte: »Wir treten auf und wieder ab«. Man kann seine Rolle nach eigenem Wunsch und Gewissen gestalten oder einfach pflichtgemäß erfüllen. Ich habe getan, was ich tun musste, weil ich für Dich verantwortlich war. Ich war es Dir schuldig, emotional und finanziell immer das Beste für Dich zu geben. Genauso, wie Du selbst es für Sukari und Sékou [Nebletts Kinder] getan hast. So sind Mütter. Ich wusste, dass Du etwas daraus machen würdest. Deine Aufgabe als Mutter hast Du bereits erfüllt, darauf kannst Du stolz sein. Dein Traum und die damit verbundene Arbeit, Kokrobitey aufzubauen, sind mehr, als sich die meisten Menschen, einschließlich mir, vorstellen können. Es ist viel mehr als nur ein Beruf. Renée, in gewisser Hinsicht funktionieren wir gleich. Wenn wir uns für etwas entscheiden, setzen wir alle Hebel in Bewegung und lassen uns von nichts aufhalten. Und so muss es meiner Meinung nach auch sein. Hätte ich mir zu viele Gedanken gemacht, ob ich das Unterrichtsjahr bestehe, als ich an Lupus erkrankte, dann hätte ich es nicht geschafft. Du bist unabhängig, genau wie ich, und auch wie Dein Dad. So etwas vererbt sich – es bestimmt unser Leben. Und wenn eines Tages alles vorbei ist, dann war es so, wie Du es wolltest. Ja, es frustriert mich wahnsinnig, durch gesundheitliche Probleme eingeschränkt zu sein. Meine Einsamkeit hat manchmal damit zu tun, dass ich, wenn ich niemandem begegne, meine mangelnde Teilnahme nicht erklären muss. Mitleid hilft niemandem – höchstens Verständnis.

Dieses Jahr wird hoffentlich besser werden, auch wenn die ständigen Schmerzen und das Altern meinem Körper immer stärker zusetzen. Trotzdem will etwas in mir, dass ich mein Leben so lange wie möglich weiterlebe. Vielleicht komme ich also am 4. Oktober 1996 für fünf Monate nach Ghana und kehre erst 1997 zurück, wenn der Unterricht wieder losgeht.

Renée, was Kokrobitey betrifft, wird niemand jemals eine so klare Vision haben wie Du. Auch wenn die anderen sich einbringen, so liegt die Hauptverantwortung doch bei Dir. Also, ich liebe Dich und war immer stolz auf Dich als Tochter und Mutter. Grüße Sukari & Sékou von mir.

Alles Liebe

Mama

SIE WAR MEINE GANZE FAMILIE

Tarê an ihre Tante Horeina

4. Jahrhundert n. Chr.

Übersetzt von Markus Naegele

An der Pariser Sorbonne-Universität kann man im Institut für Papyrologie eine Reihe konservierter Papyrus-Schriftrollen mit Briefen in verschiedenen Sprachen besichtigen. Dieser hier wurde aus dem Altgriechischen übersetzt. Verfasst hat ihn eine einsame junge Ägypterin in Syrien im 4. nachchristlichen Jahrhundert, deren Mutter kürzlich verstorben war.

An meine geliebte Tante Tarê,

die Tochter Deiner Schwester Allous sendet Dir Grüße im Namen Gottes.

Vor allen anderen bete ich zu Gott, dass Dich diese Worte gesund und glücklich erreichen mögen. Dies ist mein Gebet.

Ich lasse Dich wissen, meine Dame, dass meine Mutter, Deine Schwester, während des Osterfests verstorben ist. Als mir meine Mutter zur Seite stand, war sie meine ganze Familie. Seit sie tot ist, bin ich ganz alleine in einem fremden Land. Bitte erinnere Dich meiner, liebe Tante, als wäre meine Mutter noch unter uns, und benachrichtige mich, wenn es Neuigkeiten gibt.

Grüß mir den Rest der Familie. Möge der Herr über Dich wachen und Dich ewig beschützen, meine Dame.

EINFACH WIRD ES NIEMALS SEIN

Hannah Woodhead an ihre Mutter

Januar 2018

Übersetzt von Philip Bradatsch

2017 war die Presse voll des Lobes für Greta Gerwigs mehrfach ausgezeichnetes Regiedebüt *Lady Bird*. In dieser halb autobiografischen Coming-of-Age-Geschichte geht es um die schwierige Phase im Leben der Protagonistin Christine »Lady Bird« McPherson vom Ende der Zeit an der Highschool bis zum Beginn ihres Studiums und um ihre oft turbulente, krisenhafte Beziehung zu ihrer Mutter. Nachdem die britische Filmkritikerin Hannah Woodhead im Januar 2018 *Lady Bird* gesehen hatte, fühlte sie sich zu folgendem Brief an ihre eigene Mutter inspiriert.

Liebe Mum,

meine Erinnerung an unsere Beziehung in der Zeit von 2005 bis 2010 ist nicht besonders gut. Allerdings liegt das wohl vor allem daran, dass ich mich insgesamt an kaum etwas aus dieser Zeit erinnern kann. Ich hasste es, ein Teenager zu sein. Ich ging nicht zur Schule, aß nicht, schlief nicht. Alles in allem eine schlimme Zeit. Wie wir beide wissen, habe ich nichts unversucht gelassen, diesem Stigma aus hormonell bedingter Übellaunigkeit und pflichtschuldiger Depression zu entkommen, dessen Schatten all die Jahre auf mir lag. Um diesen Ballast abzuschütteln, probierte ich wirklich alles aus, was mir in den Sinn kam. Stets jedoch rollte er von Neuem mit voller Wucht den metaphorischen Berg des Lebens hinab, um mich wieder zu zerschmettern. Du hast mich dann immer beruhigt: Irgendwann würde alles einfacher werden. Ich schrie nur zurück: »Wann denn?!«

Mit der Zeit hatte ich mich so an mein Päckchen gewöhnt, mir fiel kaum mehr auf, dass ich es überhaupt mit mir herumtrug. Ich fing an zu erzählen, dass mit mir was nicht stimmte. Dabei vergaß ich zum einen, dass ich ein Mädchen im Teenageralter war, bei dem das konstante Donnergrollen am Horizont einfach dazugehörte. Und zum anderen, dass eine chemische Unausgeglichenheit noch längst keine Charakterschwäche darstellt. Natürlich tut es deswegen nicht weniger weh. Genauso, wie es nicht weniger wehtat, als Dad abgehauen ist oder als wir total pleite waren oder wann immer mich der Gedanke übermannte, auf ewig in diesem Kaff festzusitzen, das ich so sehr hasste. Dass mit mir alles in Ordnung ist, glaube ich immer noch nicht. Allerdings freunde ich mich so langsam mit dem Gedanken an, dass es gerade diese kleinen »Fehler« sind, die einen Menschen ausmachen.

Viele Jahre verbrachte ich in einem seltsamen jugendlichen Schwebezustand, wollte gleichzeitig außergewöhnlich und normal sein. Als wäre ich gefangen in einem Schaltkreis zwischen »herausstechen« und »reinpassen«. Es frustrierte mich, nicht »verstanden« zu werden. Deshalb wandte ich mich wohl dem Film zu, dem natürlichen Medium der Außenseiter. Denke ich an meine

Jugend, dann denke ich an den Schmerz, aber auch an andere Dinge. An Radio 2 im Auto auf unseren gemeinsamen Fahrten zum Psychiater. An die vielen Male, wenn Du mich von irgendeiner Hausparty abholen musstest, weil ich das Bewusstsein verloren hatte. Nicht dass Du im Vorhinein von mir erfahren hättest, dass ich überhaupt dort sein würde (sorry deswegen). An die Freitagnachmittage, an denen wir eine DVD fürs Wochenende ausliehen. Erst einige Zeit später wurde mir klar, dass das nichts mit Deiner Liebe zum Film zu tun hatte (die gibt es nämlich nicht) – sondern damit, dass Du gern Zeit mit mir verbringen wolltest.

Du hast immer an mich geglaubt, auch wenn ich selbst an mir zweifelte. Du sagtest: »Ich muss an dich glauben, schließlich bin ich deine Mum.« Als würde Pflichtbewusstsein allein ausreichen, sich so selbstlos zu verhalten – und Du warst *wirklich* selbstlos, denn wir hatten nicht viel, und das Wenige, das Du hattest, hast Du mir gegeben. Ich bin anstrengend. Es ist alles andere als leicht, mich zu lieben. Aber egal, wie schwer ich es Dir auch gemacht habe, nichts konnte Dich davon abhalten, es weiter zu versuchen. Selbst wenn ich mich wie ein richtiges kleines Miststück aufführte (was vermutlich meistens der Fall war).

Es ist nicht immer einfach, das wissen wir beide. Und es wird auch *niemals* einfach sein. Trotzdem danke, und wenn auch nur dafür, mich zu lehren weiterzumachen, bis man irgendwann über alles lachen kann. Über die eigene Sterblichkeit und darüber, was für winzige, unwichtige Fleckchen Sternenstaub wir am Ende des Tages doch sind. Mehr können wir nicht erwarten. Mir jedenfalls genügt das.

In Liebe
Deine zickige, lästige, gestörte und ewig dankbare (älteste) Tochter

Hannah

SIE HÄTTE ES ENORM GENOSSEN

George Bernard Shaw an

Stella Patrick Campbell

22. Februar 1913

Übersetzt von Kirsten Borchardt

George Bernard Shaw wurde 1856 in Dublin als jüngstes der drei Kinder von George Carr Shaw und Lucinda Elizabeth Gurly Shaw geboren. Als seine Mutter, eine professionelle Sängerin, ihren alkoholkranken Gatten 1872 mit den beiden Töchtern verließ, blieb Shaw aufgrund seiner Arbeit zunächst bei seinem Vater. Vier Jahre später zog er jedoch auf der Suche nach neuen Karrieremöglichkeiten zu Mutter und Schwestern nach London, wo er sich nach und nach zu dem gefeierten Dramatiker und Literaturkritiker entwickelte, als den man ihn heute kennt. Shaw lebte »ohne die geringste Reibung« bis zu seinem dreiundvierzigsten Lebensjahr bei seiner Mutter und verließ erst nach seiner Heirat mit der

Polit-Aktivistin Charlotte Frances Payne-Townshend das Nest. 1913 berichtete Shaw seiner Freundin Stella Patrick Campbell, einer Schauspielerin, von der Beerdigung seiner Mutter.

The Mitre, Oxford
22. Februar 1913

Welch ein Tag! Ich muss Dir davon schreiben, da es sonst niemanden gibt, der seine Mutter nicht hasst – ja, nicht einmal seine Kinder. Ob Du eine italienische Bauersfrau bist oder einfach nur eine Superheldin, habe ich noch nicht herausgefunden, aber jedenfalls war Deine Mutter nicht das große Feindbild.

Wie kommt es nur, dass eine Beerdigung stets den eigenen Sinn für Humor schärft und die Laune hebt? Diese war jedenfalls ein echter Erfolg. Kein Beerdigungsdrama. Keine schwarz gekleideten Trauergäste, die verordneten Trübsinn zelebrieren. Niemand wusste davon, außer mir, Granville Baker und dem Bestatter. Da ich keine großartige Prozession mit schönen Farben, funkelndem Leben und triumphaler Musik haben konnte, war es so am besten, zu dritt. Ich erwähne den Bestatter an dieser Stelle extra, weil die humorige Seite der Angelegenheit mit ihm ihren Anfang nahm. Barker und ich waren mit der U-Bahn bis Golders Green gefahren und zum

Krematorium spaziert, und dort erschien auch sogleich der Bestatter mit dem Leichenwagen, den er (oder vielmehr sein Pferd) in gemessenem Beerdigungsschritt durch die Kälte zog, obwohl meiner Mutter ein lebhafter Trab sicher lieber gewesen wäre. Der Bestatter begrüßte mich mit düsterster Trauermiene, woraufhin ich – knallhart und, weil ich mich unbändig den schönen Erinnerungen an meine Mutter hingab, in loyal bester Laune – ihm zu verstehen gab, dass die professionelle Trübsal, die ich ihm unterstellte, völlig unnötig sei.

Aber wie sich herausstellte, war die Trübsal echt. Er hatte in den vergangenen Jahren alle möglichen Arbeiten für meine Mutter erledigt, und es traf ihn hart, sie nicht nur als Kundin zu verlieren, sondern auch als Menschen, den er mochte. Den Sarg hatte er mit violettem Tuch bedeckt, nicht mit schwarzem.

Den Trauergottesdienst muss ich näher beschreiben, da es darin Dinge gibt, die toter sind als jeder, für den so etwas je abgehalten wurde, aber ich hatte ihn nicht nur deswegen bestellt, weil ein Pfarrer von seinem Lohn leben muss, sondern weil er trotz allem das Schönste ist, was man über einen Menschen verlesen lassen kann. Auch rasselte der Pfarrer ihn nicht in der schrecklichen Art und Weise herunter, die bei solchen Gelegenheiten üblich ist. Vor der kleinen Gemeinde, die aus Barker und mir (und Mamma) bestand, trug er den Text mit viel Gefühl und äußerster Aufrichtigkeit vor. Mit zwei Proben hätten wir einen perfekten Auftritt daraus gemacht, aber er war auch so hervorragend, und ich schüttelte ihm anschließend mit ungespielter Dankbarkeit die Hand.

Die Stelle »Erde zu Erde, Asche zu Asche, Staub zu Staub« wurde in Anbetracht der Umstände textlich ein wenig angepasst. Eine Tür öffnete sich in der Wand, der violette Sarg glitt auf geheimnisvolle Weise hindurch und verschwand, als sie sich wieder schloss. Man glaubt immer, es sei die Tür zum Verbrennungsofen, aber das stimmt nicht. Ich ging am Ende der Trauerfeier hinter die Kulissen und sah es mir an. Die Leute fürchten diesen Anblick, dabei ist er wunderschön. Der violette Sarg stand vor einer weiteren Tür, die nun unverkennbar wirklich zu einem Ofen führte. Als sie geöffnet wurde, kam dahinter eine kleine schlichte Kammer aus Zement und Schamottstein zum Vorschein. Keine Hitze. Kein Lärm. Keine lodernden Flammen. Kein Brennstoff. Sie wirkte kühl, sauber, sonnig, obwohl kein Sonnenlicht hineinfiel. Man hätte ohne Probleme hineinmarschieren oder die Hand hineinstrecken können. Dann bewegte sich der violette Sarg erneut und fuhr mit den Füßen voran hinein. Und siehe da, das Fußende ging wie durch ein Wunder in granatfarbene Bänder aus herrlichen Flammen auf, rauchfrei und eifernd wie ein Pfingstkirchler, der in Zungen spricht, und als der ganze Sarg hineingeglitten war, wurde er vollständig von den Flammen erfasst, und meine Mutter verwandelte sich in dieses herrliche Feuer.

Die Tür fiel zu, und man sagte uns, wenn wir den Prozess bis zu seinem Ende verfolgen wollten, sollten wir in eineinhalb Stunden wiederkommen. Ich erinnerte mich an die ausgezehrte kleine Gestalt mit dem wundervollen Gesicht und dachte mir: »So lange wird es nicht dauern.« Aber wir zogen los und sahen uns das neue Viertel Hampstead Garden Suburb an (an dem ich Anteile besitze), hinterließen telefonisch Nachrichten im Theater, kauften Bücher und machten es uns nett.

Beinahe habe ich es vergessen: Hayden Coffin [ein bekannter Schauspieler und Sänger] erschien plötzlich in der Kapelle. Ebenso seine Mutter. Das Ende war köstlich witzig, sie hätte es enorm genossen. Als wir zurückkehrten, konnten wir durch eine Öffnung im Boden in das darunterliegende Stockwerk sehen, hinein in eine geräumige Küche mit großem Betontisch, an dem zwei Köche zu Werke gingen. Sie hielten kleine Zangen in den Händen und zogen geschickt und geschäftig die Nägel und Sargstücke aus Mamas hübschem kleinem Asche- und Knochenhaufen. In diesem Augenblick beugte sich Mamma, selbst bebend vor Lachen, über meine Schulter. Dann fegte man sie in ein Sieb und schüttelte sie hindurch, sodass es einen Haufen Staub und einen Haufen kalzinierter Knochenstückchen ergab. Und Mamma flüsterte mir ins Ohr: »Welches von den beiden Häufchen mag ich wohl sein!?«

Und diese lustige Episode bildete das Ende, sieht man davon ab, dass die Knochenreste noch zermahlen und auf einem Blumenbeet verstreut wurden.

O Grab, wo ist dein Sieg?

Und so wünsche ich Dir gute Nacht, liebe Freundin, die etwas von Müttern und anderen Dingen versteht.

G. B. S.

ICH GEHE DAVON AUS, DICH WIEDERZUSEHEN

Mary Isabel Stephens an Margaret Mitchell

23. Januar 1919

Übersetzt von Andrea Kunstmann

Die achtzehnjährige Margaret Mitchell besuchte seit vier Monaten das College in Northampton, Massachusetts, als sie am 22. Januar 1919 erfuhr, dass ihre Mutter, eine bekannte Kämpferin für Frauenrechte und Präsidentin der Georgia Equal Suffrage League, an der Spanischen Grippe erkrankt war. Die tödliche Epidemie verbreitete sich zu dieser Zeit über den ganzen Erdball. Ihr Vater forderte Margaret auf, nach Hause zurückzukehren, was sie einige Tage später auch tat. Am Bahnhof empfing ihr Bruder sie mit der Nachricht, dass die Mutter am Tag zuvor einer Lungenentzündung erlegen war, und überreichte ihr auf der Fahrt ins elterliche Haus deren hier abgedruckten Brief. Siebzehn Jahre später sollte Margaret Mitchell mit ihrem Roman *Vom Winde verweht* die ganze literarische Welt im Sturm erobern.

23. Januar 1919

Liebe Margaret,

ich muss schon den ganzen Tag an Dich denken. Gestern hat Dein Vater Dir geschrieben, dass ich krank bin. Ich gehe davon aus, dass er die Lage eindringlich und in düsteren Farben geschildert hat. Ich hoffe allerdings, nicht so krank zu sein, wie er glaubt. Ein Lungenflügel ist entzündet, und wäre da nicht die Komplikation mit der Grippe, hätte ich mehr als eine faire Chance, wieder zu genesen. Bei Mrs. Riley waren beide Lungenflügel befallen, und sie ist jetzt wieder gesund und munter. Wir wollen das Beste hoffen, doch vergiss nicht, meine Liebe, wenn ich jetzt gehen muss, so ist das der beste Zeitpunkt für mich.

Natürlich hätte ich gerne noch ein paar weitere Jahre gehabt, doch wenn mir die vergönnt gewesen wären, hätte ich vielleicht zu lange gelebt. Verschwende also kein Mitleid an mich. Dir mag es als wenig erscheinen, was ich vom Leben hatte, doch ich habe alles, was die Welt einem bieten kann, in meinen Händen gehalten. Ich hatte eine glückliche Kindheit und habe den Mann geheiratet, den ich wollte. Ich hatte Kinder, die mich genauso liebten wie ich sie. Und auch wenn ich ihnen sonst nichts hätte mitgeben können, so habe ich doch dafür gesorgt, dass sie in geistiger, moralischer und vielleicht sogar finanzieller Hinsicht erfolgreich sein können.

Ich gehe davon aus, Dich wiederzusehen, doch falls nicht, so möchte ich Dich vor einem Fehler warnen, für den eine Frau Deines Temperaments anfällig sein könnte. Gib von Dir mit beiden Händen und aus vollem Herzen, aber gib nur das, was bleibt, nachdem Du Dein eigenes Leben gelebt hast. Das ist schlecht formuliert – was ich meine, ist, dass Dein Leben und Deine Energie zuallererst Dir selbst, Deinem Ehemann und Deinen Kindern gehören. Alles, was übrig ist, nachdem Du deren Bedürfnisse erfüllt hast, das gib anderen, und gib es großzügig, aber sorge dafür, dass Du diese Aufmerksamkeit nicht von Deinem Zuhause abzwackst. Dein Vater liebt Dich innig, doch lass Dich nicht von der Überlegung, bei ihm zu bleiben, davon abhalten, zu heiraten, wenn Du das möchtest. Er hat sein Leben gelebt – leb Du auch Deines, so gut Du kannst. Meine beiden Kinder haben mich so sehr geliebt, dass ich darüber keine weiteren Worte verlieren muss. Du hast alles für mich getan, was Du konntest, und mir die größtmögliche Liebe entgegengebracht, die Kinder ihren Eltern zu geben vermögen. Kümmere Dich um Deinen Vater, wenn er alt ist, so wie ich mich um meine Mutter gekümmert habe. Doch lass nicht zu, dass sein Leben oder das eines anderen Menschen Dein eigenes beeinträchtigen. Mach's gut, mein Liebling, und wenn Du mich nicht wiedersiehst, dann behalte mich am besten so in Erinnerung, wie ich in New York war.

Deine Dich liebende Mutter

GUTE SEELE

Edna St. Vincent Millay an Cora B. Millay

15. Juni 1921

Übersetzt von Katja Bendels

Cora Buzzell Millay war eine Dame mit eisernem Willen, die sich von ihrem verantwortungslosen Mann scheiden ließ und ihre drei Töchter alleine großzog. Es war Cora, die ihre Tochter Edna, in der Familie Vincent genannt, ermutigte, an dem Lyrikwettbewerb teilzunehmen, der sie schließlich berühmt machen sollte. Sie unterstützte Edna bedingungslos bei all den Drehungen und Wendungen, die deren Leben nahm, und wurde dafür von ihrer Tochter mit Liebe und Verehrung überhäuft. Als Edna diesen Brief verfasste, lebte sie in Paris und schrieb unter dem Pseudonym Nancy Boyd für die *Vanity Fair*. Cora zog später zu ihrer Tochter nach Paris. Sie starb im Alter von achtundsechzig Jahren an einer Hirnblutung, während sie an einer Biografie über ihre drei talentierten Töchter arbeitete, die allesamt als Künstlerinnen erfolgreich waren. Ihr Grab befindet sich auf den Steepletop-Ländereien im Staat New York, wo auch zwei ihrer Töchter, Edna und Norma, beerdigt sind.

Hôtel de l'Intendance
50, Rue de l'Université,
Paris. [15. Juni 1921]

Meine Liebste,

ich habe in letzter Zeit viel gearbeitet und Mr. Crowninshield gebeten, Kathleen einen Scheck über hundert Dollar zu senden; er ist für Dich, meine Liebe, aber ich kannte Deine neue Anschrift nicht, und außerdem könntest Du Probleme haben, den Scheck an einem neuen Ort einzulösen, und in so einem winzigen noch dazu. Ich bin mit der Arbeit für das Metropolitan noch nicht fertig, aber ich habe ihnen geschrieben, damit sie Bescheid wissen.

Darling, ich freue mich so über den Jungen, der Dir im Haus zur Hand gehen wird, und all die anderen wundervollen Neuigkeiten! Egal, ob diese *Pictorial Review*-Frau damit machen kann, was sie will, oder nicht, die Sache läuft, und oh, meine Liebe, ich freue, freue, freue mich so! Und es ist einfach famos, dass Du Deinem hübschen alten Kopf einen Bob verpasst hast. Ich weiß, dass es einfach umwerfend aussieht. Du hast so hübsches welliges Haar, und so viel davon. Es muss jetzt richtig dick aussehen. Und Du hast genau gewusst, dass Du es tun würdest, Du schlaue alte Füchsin. Ich rede ständig von Dir und prahle. Wie der alte Seemann, der eine Geschichte in seinem Herzen trägt und sie jedem erzählen muss. Dauernd sage ich zu jemandem: »Du musst unbedingt meine Mutter kennenlernen.« Und dann lege ich los und höre nicht wieder auf, bis das Café schließt. Ich liebe Dich so sehr, meine Mutter.

Es ist jetzt fast sechs Monate her, dass ich Dich gesehen habe. Eine lange Zeit. Mutter, weißt Du, beinahe alle lieben ihre Mütter, aber ich glaube, ich bin noch nie jemandem begegnet, der seine Mutter so sehr liebt wie ich Dich. Ich glaube nicht, dass es schon einmal jemanden gab, der seine Mutter so sehr und auf so unterschiedliche, wundervolle Art geliebt hat. Gerade gestern noch habe ich zu jemandem gesagt, dass ich nur deshalb Lyrikerin geworden bin, weil Du es wolltest und mich von Anfang an dazu bestimmt hast. Du hast mich in der Tradition der Dichtung erzogen und mich bei allem, was ich getan habe, ermutigt. Ich kann mich nicht erinnern, dass Du auch nur ein einziges Mal in meinem Leben nicht an den Dingen interessiert warst, an denen ich gerade arbeitete, oder gar vorschlugst, sie beiseitezulegen und etwas anderes anzufangen. Manche Eltern »andersartiger« Kinder haben guten Grund, sich Vorwürfe zu machen. Aber nicht Du, meine gute Seele.

Ich hoffe, Du antwortest mir, sobald Du diesen Brief bekommen hast. Wenn Du wüsstest, wie viel es mir bedeutet, einen Brief von einem von Euch dreien dort drüben zu erhalten. Egal, wie interessant alles hier ist, und wie wunderschön, und wie glücklich ich bin und wie viel ich hier arbeiten kann, so bin ich doch weit weg von zu Hause – und mit zu Hause meine ich in Deiner Nähe, liebe Mutter.

Wenn ich Dich nicht immer wieder mit Mutter anredete, könnte jemand, der das hier liest, auf den Gedanken kommen, ich schriebe meiner Geliebten. Und er hätte recht.

Wie schade, dass Norma nicht nach London gesandt wird, das arme Kind. Sie hätte sich so gefreut herzukommen, und ich weiß, dass sie sich gefreut hätte, mich zu sehen, und London ist nur sieben Stunden von Paris entfernt! Nicht dass ich mich nicht ebenfalls gefreut hätte, sie zu sehen, aber ich habe es aus ihrer Perspektive betrachtet.

Allan Macdougall macht sich sehr gut hier drüben. Er hat eine Kolumne in der Pariser Ausgabe der *Chicago Tribune*, ein wenig im Stil von F. P. A.*, die Leute lieben sie. Und ich habe gerade einen Brief von Harrison Dowd bekommen, der ebenfalls ziemlich erfolgreich ist. Er spielt Piano in einem Jazzorchester in Berlin und ist einfach sensationell gut.

Meine Liebste, es ist schrecklich, dass Du an Deinem Geburtstag nichts von mir gehört hast. Mir wurde zu spät bewusst, dass es schon fast der 10. war, und ich konnte Dir kein Telegramm schicken, weil ich Deine Adresse nicht hatte. Sweetheart, wenn Du ein Telegramm erwartet hast und enttäuscht warst, soll ich tot umfallen. Antworte mir, ob Du an Deinem Geburtstag

* Anm. d. Übers: Hier dürfte der Kolumnist Franklin Pierce Adams gemeint sein.

ganz allein und einsam warst. Bitte verheimliche es nicht vor mir.

Ich schicke Dir eine kleine Blume aus Paris in einem altmodischen Rosa, findest Du nicht auch? Sie duftet wunderbar süß, aber ich fürchte, bis sie bei Dir ankommt, wird ihr Duft verflogen sein. Sie ist aus dem Strauß, den ich heute von einem kleinen Mädchen vor dem Café Les Deux Magots auf dem Boulevard St. Germain gekauft habe. Ich habe ihr zehn Sous für den Strauß gegeben, was in normalen Zeiten etwa zwei Cents entspricht, aber jetzt weniger als einem Cent. Diese jungen Mädchen laufen immer durch die Cafés und verkaufen kleine Blumensträußchen aus den Körben, die sie am Arm tragen. Wenn man sie nach dem Preis fragt, sagen sie immer »Zehn Sous«, und dann gibt man ihnen einen ganzen Franc, und sie lächeln schüchtern mit unterdrückter Freude.

Nun, meine Liebe, so viel für heute. Ich werde Dir schon bald wieder schreiben. Und Du schreibst mir. Ich bleibe, verehrte Mutter, Deine gehorsamste bescheidene Dienerin und hingebungsvolle Tochter

Vincent.

ICH HABE DIE BESTE MUTTER DER WELT

Martin Luther King Jr. an

Alberta King Williams

Oktober 1948

Übersetzt von Jan Schönherr

Kaum jemand kämpfte entschlossener gegen die Unterdrückung der Schwarzen in Amerika als Martin Luther King Jr., ein Priester und politischer Aktivist, der den Großteil seines viel zu kurzen Lebens an der Spitze der Bürgerrechtsbewegung verbracht hatte, bevor er 1968 in Memphis erschossen wurde. Geboren wurde er am 15. Januar 1929 in Atlanta als Michael King Jr. – erst fünf Jahre später änderte sein Vater, Reverend Michael King Sr., ihrer beider Vornamen zu Martin. King Jr. liebte seine Mutter Alberta und schrieb ihr 1948, während seines ersten Semesters am Crozer Theological Seminary in Upland, Pennsylvania, diesen Brief, um ihr das mitzuteilen. Tragischerweise wurde Alberta sechs Jahre nach dem Tod ihres Sohnes auch ermordet: an der Kirchenorgel sitzend, von einem Mann, der erklärte, er habe im Auftrag Gottes gehandelt.

Liebe Mutter,

Dein Brief kam heute Morgen an. Oft sage ich den Jungs hier auf dem Campus, ich habe die beste Mutter der Welt. Du machst Dir keine Vorstellung, wie sehr ich all die netten Dinge zu schätzen weiß, die Daddy und Du für mich tun. Bis jetzt habe ich das Geld (fünf Dollar) jede Woche bekommen.

Die Frage, ob ich gern ein paar Zeitungsausschnitte hätte, muss ich bejahen. Ich habe mich schon gefragt, wieso Du nicht mehr geschickt hast, vor allem aus der *Atlanta world**.

Du meintest, ich schreibe Dir zu wenig, was so Neues passiert. Tja, es gibt eben keine großen Neuigkeiten. Ich bin eigentlich bloß noch in Büchern unterwegs. Manchmal kommt der Professor in den Kurs und will, dass wir unsere [unlesbare Ausstreichung] Hausaufgaben auf Hebräisch vorlesen, und das ist wirklich schwer.

---

* Anm. d. Übers.: Richtige Schreibweise: *Atlanta Daily World*. Die älteste schwarze Zeitung in Atlanta.

Erinnerst Du Dich an das Mädchen, mit dem ich am Spelman [College] gegangen bin (Gloria Royster). Sie studiert an der Temple, und ich habe sie zweimal besucht. Außerdem hab ich eine süße Maus in Phila kennengelernt, die war ganz wild auf mich alten Knaben. Seit Barbor den Leuten aus seiner Kirche erzählt hat, meine Familie sei reich, rennen die Mädchen mir die Tür ein. Natürlich interessieren die mich aber gar nicht, ich bin ja viel zu beschäftigt mit dem Studium.

Ich esse oft bei Barbor zu Abend. Er ist ein lustiger Kerl und einer der klügsten Köpfe, die mir je begegneten.

Ich kam noch nicht dazu, mich bei Deinen Freunden hier oben zu melden. Vielleicht schaffe ich das bald mal.

Hoffentlich erklärst Du den Leuten aus der Gemeinde, wieso ich noch niemandem geschrieben habe. Nächste Woche schreibe ich einen Brief an alle. Der sollte bis zum ~~vierten~~ [ersten] Sonntag da sein.

Christine [Kings Schwester] meldet sich jede Woche. Ich versuche, ihr so regelmäßig wie möglich zu antworten. Ich hoffe, sie wird noch einigermaßen warm mit der Buchhalterei.

Am Freitag war Rev. Ray hier, wegen der State Convention. Er sagte, ich könnte jederzeit zu ihm kommen. Im November will er Dich und Dad besuchen.

Gut, ich muss dann mal wieder lernen. Richte allen Grüße von mir aus.

Dein Sohn

M. L.

ICH ERWARTE DICH

Sylvia Plath an Aurelia Plath

23. April 1956

Übersetzt von Nikolaus Hansen

1956 erhielt die amerikanische Lyrikerin Sylvia Plath ein Stipendium für ein Studium an der University of Cambridge und lebte infolgedessen weit entfernt von ihrer Mutter Aurelia. Ihre Beziehung war intensiv und kompliziert und ihre wahre Beschaffenheit für Außenstehende schwer zu durchschauen. Nachdem ihr Vater Otto gestorben war, nötigte die achtjährige Sylvia ihre Mutter zur Unterzeichnung des schriftlichen Versprechens, nie wieder zu heiraten. *Die Glasglocke*, Sylvias einziger Roman, erschien 1963. Die offenkundig autobiografische Darstellung der Mutter der Protagonistin fiel wenig schmeichelhaft aus und warf ein unvorteilhaftes Licht auf Aurelia; und doch ist in den Briefen Sylvias an ihre Mutter, von denen es Hunderte gibt, eine tiefe Liebe zwischen den beiden spürbar. Der hier abgedruckte

Brief stammt aus dem Jahr von Sylvias Umzug nach England und entstand nach einer kurzen Reise durch mehrere europäische Länder und genau zu der Zeit, als sie sich in Ted Hughes verliebte. Zwei Monate darauf sollten die beiden heiraten. Keine sieben Jahre später nahm sich Sylvia Plath das Leben.

23. April 1956

Liebste Mutter,

endlich hat mir der trödelige American Express Deinen Brief aus Rom nachgeschickt … unsere Vorstellungen liegen ganz auf einer Linie.

Ich habe bereits drei Nächte in London für mich eingeplant und per Brief ein Zimmer für uns reserviert; am Tag Deiner Ankunft werden wir nichts weiter tun als essen und reden, für die folgenden zwei Tage werde ich Theaterkarten besorgen, und wir machen Ausflüge in blühende Parks, zum Piccadilly und Trafalgar Square … wir gehen spazieren, bummeln herum, füttern Tauben und genießen die Sonne wie glückliche Muscheln. Dann Cambridge, wo ich schon für zwei Nächte ein Zimmer für Dich reserviert habe … Ich habe einen meiner kräftigen Männer verpflichtet, mir das Staken eines Flusskahns beizubringen, bevor Du kommst, sodass Du eines Nachmittags aus Deinem Zimmer im wunderschönen Garden House Hotel geradewegs zu einer Bootsfahrt auf dem Cam unter Trauerweiden hindurch rauf nach Grantchester hinausspazieren kannst, wo in einem Apfelgarten der Tee auf Dich wartet! Du brauchst Dich um nichts zu kümmern. Lass mich einfach wissen, wonach Dich gelüstet, und es wird in die Wege geleitet …

Du, nur Du, einzig und allein, hast Kreuze zu tragen gehabt, unter deren nicht enden wollender Last manch kräftigere Frau zusammengebrochen wäre. Du hast Daddys langes leidvolles Sterben begleitet und bei der Arbeit einen ganzen Mann gestanden; Du hast Deine Magengeschwüre niedergekämpft, hast uns Kinder beschützt, glücklich gemacht, uns reichlich versorgt mit Kunst und Musikstunden, Zeltlagern und Spielen; Du hast mich durch jene schwarze Nacht geleitet, als das einzige Wort, das mir in den Sinn kam, nein lautete und ich glaubte, ich würde nie wieder schreiben oder denken können; und Du hast Deine eigene Operation tapfer durchgestanden. Jetzt, da Du gerade wieder anfängst, Luft zu holen, überkommt Dich dieser schreckliche, schleppende, ziehende Schmerz, als könnte es zu einfach sein, Dich schon so bald von allertiefster und erschöpfender Sorge und von der Pflicht, Liebe zu schenken, zu befreien.

Sei Dir bewusst und gewiss, dass auch *Dir* zusteht, mit den Geliebten zusammen zu sein, die Dir in Deiner Not Kraft schenken: Warren und ich. Stell Dir Deine Reise hierher vor als eine Reise ins Herz der Kraft Deiner Tochter, die Dich mehr liebt, als Worte es zu sagen vermögen. Ich erwarte Dich. Deine Reise soll der Gesundheit und dem Wachsen Deiner Seele dienen. Du brauchst … ein Umfeld, wo nichts auf Deinen Schultern lastet, wo ein liebender Mensch kommt und das größte Gewicht für Dich trägt, neben Dir geht. Das sollst Du wissen, und Du sollst wissen, dass es richtig ist, wenn Du kommst. Du musst Kraft und Gesundheit und Gelassenheit schöpfen, bevor du wieder an die Arbeit gehst …

Ich spüre mit tiefster Freude und Lebendigkeit, dass dies Dinge sind, die ich Dir aus vollem und überfließendem Herzen schenken kann. Also komm, und gemächlich werden wir durch grüne Gärten spazieren und diese sonderbare und herrliche Welt bestaunen.

Deine Dich liebende Sivvy

LIEBSTER WINSTON, DU MACHST MICH SEHR TRAURIG

Jennie Churchill an Winston Churchill

12. Juni 1890

Übersetzt von Katja Scholtz

1890, gute fünfzig Jahre, bevor er das Vereinigte Königreich selbstsicher zum Sieg gegen Nazi-Deutschland führte, war der spätere Premierminister ein leicht ablenkbarer, hinter den Erwartungen zurückbleibender Fünfzehnjähriger, der sich an der Londoner Harrow School, einem der angesehensten Internate Englands, durchs Leben treiben ließ. Im Juni dieses Jahres bekam seine für ihre Strenge berüchtigte Mutter, Lady Randolph Churchill – die er laut eigener Aussage »inniglich, aber nur aus der Ferne« geliebt hatte –, ein Zeugnis zu sehen, von dem sie alles andere als begeistert war. Gewohnt, Klartext zu reden, reagierte sie mit diesem typischen impulsiven

Brief an ihren Sohn, einem von vielen, die sie ihm im Lauf der Jahre schrieb. Winstons Antwort folgte eine Woche später.

12. Juni 1890

2 Connaught Place

Liebster Winston,

diesen Brief hier gebe ich Everest mit [Winstons Kindermädchen], die bei Dir nach dem Rechten sehen wird. Ich würde selbst vorbeikommen – aber ich habe so fürchterlich viel mit den Vorbereitungen für die Ascot-Party nächste Woche um die Ohren, dass ich es einfach nicht schaffe.

Ich habe Dir viel zu sagen, und ich fürchte, es wird Dir nicht gefallen. Du weißt, mein Schatz, dass ich höchst ungern etwas auf Dich kommen lasse, aber dieses Mal geht es nicht anders. In erster Linie ist Dein Vater sehr verärgert darüber, dass Du Dich erst eine ganze Woche lang nicht für die fünf Pfund bedankt und dann nur ein paar dürftige Zeilen geschrieben hast.

Wie Du sehen wirst, ist Dein Zeugnis, das ich beilege, sehr schlecht. Deine Arbeitsweise ist dermaßen unbeständig und inkonsequent, dass Du vermutlich Klassenletzter sein wirst – schau

Dir nur an, wo Du jetzt stehst! Dein Vater und ich sind beide unsagbar enttäuscht. Wenn Du nur etwas besser dastündest & ein bisschen systematischer lernen würdest, könnte ich wenigstens versuchen, eine Entschuldigung für Dich zu finden.

Liebster Winston, Du machst mich sehr traurig – ich hatte so große Hoffnungen in Dich gesetzt & war so stolz auf Dich – & jetzt ist alles dahin. Mein einziger Trost ist, dass Du Dich ordentlich beträgst und ein liebevoller Sohn bist – aber Deine Leistungen sind eine Beleidigung Deiner Intelligenz. Wenn Du Dir wenigstens selbst eine Strategie überlegen & diese verfolgen würdest & entschlossen wärst dabeizubleiben – ich bin sicher, dass Dir künftig jede Tür offen stehen würde. Dein größter Feind ist schlicht und einfach Deine Nachlässigkeit.

Das soll für heute reichen, aber Winston, Du bist alt genug, um den Ernst der Lage zu erkennen – & zu sehen, wie sich die kommenden ein oder zwei Jahre & was Du aus ihnen machst, auf Dein gesamtes Leben auswirken werden. Komm zur Besinnung & überleg Dir was & setz

Dich auf den Hosenboden, bevor es zu spät ist. Du weißt, mein geliebter Junge, dass ich Dir jederzeit mit Rat und Tat zur Seite stehen werde.

Deine Dich liebende,
aber verzweifelte Mutter

***

[19. Juni 1890]
[Harrow]

Meine allerliebste Mummy,

ich habe bis jetzt nicht geschrieben, weil ich so einen viel längeren Brief schreiben kann. Ich werde nicht groß versuchen, mich herauszureden, weil ich mir bewusst bin, dass ich hier und da ein wenig faul gewesen bin. Folglich kam am Ende des Monats der große Knall, ich bekam ein schlechtes Zeugnis & einen Eintrag ins Klassenbuch usw. usf. Das ist mehr als drei Wochen her, und in den nächsten Monaten muss ich ein gutes

Zeugnis bekommen, da ich Mr. Davidson neuerdings zweimal pro Woche Berichte vorzulegen habe, und die sind überwiegend sehr gut gewesen.

Was das Nichtbeantworten von Papas Brief angeht – ich habe das noch am selben Abend gemacht & den Brief dem Pagen zum Einwerfen in den Briefkasten gegeben, zusammen mit einem Penny für ihn.

Ich konnte ihn nicht selber einwerfen, weil es schon zu spät war. Er hat ihn, vermute ich, vergessen und erst etliche Tage später abgeschickt. Meine liebste Mummy, ich kann Dir sagen, Dein Brief hat mir schwer zu schaffen gemacht. Aber bis zum Halbjahresende ist immer noch viel Zeit, und ich werde in der verbleibenden Zeit mein absolut Bestes geben. […]

Bis bald, meine Meinige,

in Liebe verbleibe ich
Dein Deiniger
Winston S. Churchill

DEINE GESCHICHTE BESTIMMST DU SELBST

Laura Dern an Jaya Dern

2017

Übersetzt von Stefanie Schlatt

Laura Dern wurde 1967 als Tochter der Schauspielerin Diane Ladd und des Schauspielers Bruce Dern in Los Angeles geboren. Ab ihrem zweiten Lebensjahr wuchs sie im Haus ihrer Mutter und Großmutter auf. Da sie viel Zeit an den Filmsets ihrer Eltern verbrachte, war abzusehen, dass sie eines Tages in deren Fußstapfen treten würde. Und tatsächlich gab sie im zarten Alter von sechs Jahren an der Seite ihrer Mutter ihr Kinodebüt in dem Actionfilm *Der Tiger hetzt die Meute.* Mit Rollen in *Blue Velvet*, *Jurassic Park* und zuletzt in der Fernsehserie *Big Little Lies* machte sie sich einen Namen. 2001 brachte sie einen Sohn zur Welt; drei Jahre später bekam sie eine Tochter. 2017 schrieb sie der inzwischen Halbwüchsigen den folgenden Brief, in dem sie ihre Gedanken über das Dasein als Frau zum Ausdruck bringt.

Liebe Jaya,

in letzter Zeit denke ich viel darüber nach, was es heutzutage bedeutet, eine Frau zu sein – eine Frau, die weiß, wer sie ist, die über sich selbst bestimmt und sich keine Stempel aufdrücken lässt. Und während dieses Prozesses habe ich mich daran erinnert, wie ich die Dinge gesehen habe, als ich in Deinem Alter war.

Die Siebziger waren kulturell gesehen eine ganz neue Zeit. Im Gegensatz zu den Frauen aus der Generation meiner Großmutter, denen im Leben nur wenige Möglichkeiten offenstanden, haben meine Mutter und ihre Freundinnen sich am Aufstand gegen diese unbefriedigenden Einschränkungen beteiligt – sie wollten sich voll verwirklichen. Obwohl die Gesellschaft nach und nach die Vorstellungen dieser Frauen akzeptierte, ging man davon aus, dass sie auf ganzer Linie scheitern würden.

Aus diesem Grund habe ich später beschlossen, alles der Reihe nach anzugehen, auch wenn mir alle Türen offenstanden. Ich war stets bestrebt, bloß ja niemals zu versagen. Deshalb schreibe ich

Dir jetzt, weil ich verhindern möchte, dass Du Dich auf dieselbe Art einschränkst.

Lange Zeit habe ich mir gesagt: »Wenn ich Schauspielerin werden will, muss ich alles dafür geben, also werde ich womöglich nie eine richtige Beziehung führen.« Oder: »Jetzt werde ich Mutter, also höre ich mit der Schauspielerei auf.« Oder: »Ich bin verheiratet und lege jetzt meine Karriere auf Eis, um meinem Mann eine ›gute Ehefrau‹ zu sein und ihn zu unterstützen.«

Als kürzlich eine Frau für das Präsidentenamt kandidiert hat, mussten wir uns anhören: »Kann schon sein, dass sie sehr intelligent ist und das Zeug zur Präsidentin hat, aber sie wirkt so kühl, dass sie bestimmt keine gute Ehefrau und Mutter ist. Sie hat kein Einfühlungsvermögen.« Warum? Weil sie sehr intelligent ist? Ich weiß, dass wir das beide nicht verstanden haben. Es darf nie so weit kommen, dass man sich auf eine bestimmte Rolle festlegt und damit selbst die Möglichkeit nimmt, sich auch in anderen Bereichen zu behaupten. In dieser befremdlichen Stimmung ist mir allmählich klar geworden, dass es mich belastet hat, mich immer nur auf eine Sache zu konzentrieren, um nicht woanders zu scheitern. Ich will eine Frau sein, die alles anpackt, egal, wie es ausgeht.

Jaya, vor Kurzem ist mir eine Erkenntnis gekommen, die mir seitdem im Leben Halt gibt. Hör zu: Das Leben ist geprägt von Zweifeln wie auch von Triumphen. Du wirst niemals alles richtig machen. Du wirst immer wieder scheitern, aber das gehört zum Selbstfindungsprozess.

Deine Generation steht unter dem Einfluss einer gigantischen Macht – nämlich den sozialen Medien, die auf Dich wie eine zweite Mutter einwirken. Sie hat sehr großen Einfluss und redet Dir ein, dass Dein Wert sich an der Anzahl Deiner Follower bemisst. Sie bestimmt auch, was als schön gilt und was man sich alles leisten können muss, um Spaß am Leben zu haben.

Was die sozialen Medien jungen Mädchen momentan vermitteln, ist genau jene Schwarz-Weiß-Welt, in der wir feststecken. Das eine Extrem ist eine perfekte und unbeschwerte Realität, in der jeder einen Haufen Freunde hat. Am anderen Ende des Spektrums ergeht man sich in schlimmsten Depressionen und Einsamkeit. Lass Dir gesagt sein, dass sich der Großteil Deines

Lebens in der Grauzone zwischen Glück und Schmerz abspielen wird; mal ergibt sich alles so, wie es sein soll, mal entgleitet einem alles. Darin liegt der Reiz.

Ich möchte, dass Du an Dich glaubst und auf Dich selbst hörst, auch wenn Du am Ende Deiner Kräfte sein solltest. Ich möchte, dass Du Dich unvoreingenommen mit Deinen Freunden über Eure Ungewissheiten austauschen kannst. Du wirst genauso vieles falsch wie richtig machen. Beide Erfahrungen lohnen sich. Beide werden Dich prägen. Die Wahrheit ist, dass ich ab dem Augenblick, als ich mich dem chaotischen Lauf des Lebens gefügt habe, alles wunderbar in Einklang bringen konnte: meine künstlerischen Ambitionen, mein schauspielerisches Können und meine Qualitäten als Freundin und Mutter.

Der Reiz des Frauseins liegt heutzutage darin, die kleinen Dinge des Lebens zu genießen, all die Momente, die Dich prägen. Die Freude am eigenen Körper, an Sexualität und Erotik, Hingabe, Kunst und Mütterlichkeit. Du musst Deinen eigenen Weg gehen und Deine eigene Geschichte schreiben – lass Dich nicht in eine

Rolle drängen, die Dir vermeintlich den schnellsten Erfolg oder die meisten Likes verspricht. Du sollst Deinen eigenen Raum zum Leben haben, Dein eigenes wunderbares Chaos. Deine Geschichte bestimmst Du selbst.

Alles Liebe

Mom

WAS IST EINE MINUTE?

Tina LeBlanc Sadoski an Mister Rogers

17. August 1988

Übersetzt von Tim Müller

Am 19. Februar 1968 feierte die vom Public Broadcasting Service ausgestrahlte Vorschulfernsehserie *Mister Rogers' Neighborhood* in Amerika ihre Premiere. Dies war die Stunde von Fred Rogers, der bald zu einem der beliebtesten Moderatoren der Nation werden sollte. Rogers war ein unfassbar gelassener und freundlicher Gentleman, der in den nächsten dreiunddreißig Jahren Millionen von Kindern eine Fülle unterschiedlichster Wissensthemen nahebringen sollte und dadurch für viele amerikanische Haushalte so etwas wie ein zusätzliches Familienmitglied wurde.

Rogers war ein Multitalent – er zeichnete nicht nur für die Moderation verantwortlich, er produzierte und schrieb auch jede einzelne Folge. Er sprach sogar die Puppen, die in der Sendung auftauchten, und er schrieb die Musik, darunter die berühmte Titelmelodie: »Won't You Be My Neighbor?«

Zudem beantwortete er Jahr für Jahr Tausende Zuschauerbriefe. Rogers nannte die Fans gerne seine »Fernseh-Freunde«.

Im August 1988 erhielt er den Brief einer Frau namens Tina LeBlanc Sadoski. In dem Brief ging es um ihre Tochter, die gerade im Krankenhaus lag. Mister Rogers antwortete zügig, sowohl der Mutter als auch ihrer Tochter. Er schrieb noch viele weitere Male, während die Behandlung des Mädchens andauerte. Traurigerweise verstarb Michelle Sadoski im Januar 1990.

Lieber Mister Rogers,

unsere fünfeinhalb Jahre alte Tochter Michelle hat einen inoperablen Hirntumor. Ihre einzige Hoffnung ist eine Strahlentherapie. Am ersten Tag der Bestrahlung aber schrie und weinte Michelle, als ihr bewusst wurde, dass sie während der Bestrahlung alleine im Therapieraum bleiben sollte. Sie war so außer sich, dass die Behandlung abgebrochen werden musste.

Am nächsten Tag gaben ihr die Ärzte Beruhigungsmittel. Davon sollte sie einschlafen. Aber als wir im Krankenhaus ankamen, war Michelle immer noch wach. Wir versuchten verzweifelt, ihr klarzumachen, dass sie die Behandlung annehmen musste. Aber sie schrie und weigerte sich. Immer wieder versicherten wir ihr, dass die Bestrahlung für jede Seite nur anderthalb Minuten dauern würde.

Schließlich fragte sie mich: »Was ist eine Minute?«

Es muss eine göttliche Eingebung gewesen sein, die mich auf den Gedanken brachte, wie ich ihr das erklären sollte. Ich schaute auf meine

Armbanduhr und begann, Ihr Lied zu singen, Mister Rogers: »It's a beautiful day in this neighborhood, a beautiful day for a neighbor …« Mitten in der Strophe hörte ich auf und sagte: »Ups! Die Minute ist vorbei. Ich kann noch nicht mal das Lied von Mister Rogers zu Ende singen.«

Daraufhin sagte Michelle: »Das ist eine Minute? Das halte ich aus.« Und sie machte es. Während der Bestrahlung hielt sie absolut still. Die Sache hat nur einen kleinen Haken: Bei jeder Behandlung muss ich jetzt Ihr Lied über die Gegensprechanlage im Therapiezimmer singen. Es ist mir etwas peinlich, aber ich mache es gerne für Michelle. Mittlerweile kennt jeder Arzt und jeder Techniker im Bestrahlungszentrum Mister Rogers' Song.

Dieses Erlebnis möchte ich mit Ihnen teilen. Und ich möchte Ihnen sagen, was für einen wundervollen Job Sie für die Kinder machen. Sie können vermutlich gar nicht erahnen, auf wie viele besondere Weisen Sie uns berühren.

Michelles Mutter

MISTER ROGERS' NACHBAR-SCHAFT

* * *

August 1988

Liebe Michelle,

es ist schön, dass ich über den Brief Deiner Mutter von Dir erfahren habe. Ich bin froh, dass Du meine Serie so gerne schaust und wir uns dann ja sozusagen über den Bildschirm kennen.

Deine Mutter hat mir geschrieben, dass Du Krebs hast und eine Strahlentherapie machen musstest. Viele Dinge, die im Krankenhaus von Dir verlangt werden, können sehr unangenehm sein. Michelle, ich hoffe, dass Du mit Deiner Familie und mit den Menschen im Krankenhaus über Deine Gefühle sprechen kannst. Wenn Du wütend bist oder traurig, verängstigt oder glücklich. Das nenne ich die »wirklich wichtigen Gespräche«.

Es bedeutet mir sehr viel, dass Dir mein Lied »Won't You Be My Neighbor?« während der Strahlentherapie geholfen hat. Ich würde Dir sehr gerne eine Kassette mit dem Lied schicken – und einige weitere Geschenke. Ich denke an Dich, wenn ich das Lied singe.

Michelle, es gibt ganz viele großartige Menschen, die sich um Dich kümmern. Deine Familie ist für Dich da. Die Leute im Krankenhaus sind für Dich da. Und ich bin für Dich da – Dein Fernseh-Freund. Du machst jeden Tag zu einem besonderen Tag für all diese Menschen, denen Du teuer bist – dadurch, dass Du so bist, wie Du bist.

Alle aus Mister Rogers' Nachbarschaft, wir alle hier, schicken Dir ganz herzliche Grüße.

Dein Fernseh-Freund

Mister Rogers

MUTTERLIEBE BEDARF KEINER GRÜNDE

Richard Wagner an Johanna Wagner

25. Juli 1835

Der Vater des deutschen Komponisten Richard Wagner starb, als dieser gerade sechs Monate alt war, und ließ Mutter Johanna mit neun Kindern zurück. Wagners Mutter zweifelte am musikalischen Talent ihres Sohnes und ermutigte ihn, den traditionellen Weg zu gehen und ein Universitätsstudium aufzunehmen. Wagner war allerdings ein desinteressierter Student, führte ein ausschweifendes Lotterleben mit Alkohol und Glückspielen. Sein persönlicher Tiefpunkt war erreicht, als er eines Nachts die Rente seiner Mutter verspielte und wieder zurückgewann. Er gestand seiner Mutter alles und versprach, sich zu ändern. Diesen Brief schrieb er ihr mit zweiundzwanzig. Richard Wagners Mutter starb 1848. Sie konnte gerade noch die ersten bescheidenen musikalischen Erfolge ihres jüngsten Sohnes miterleben.

Nur wenige Monate nach ihrem Tod beendete Richard Wagner den ersten Entwurf des Librettos zu seinem epischen Opernzyklus *Der Ring des Nibelungen.*

Carlsbad, den 25. Juli 1835

Nur an Dich, liebste Mutter, denke ich mit der innigsten Liebe und der tiefsten Rührung zurück; – ich weiß wohl, Geschwister gehen ihren eigenen Weg, – jedes hat sich u. seine Zukunft, und die Umgebungen, die mit beiden zusammenhängen, im Auge; es ist so u. ich fühle das selbst, es ist eine Zeit, in der sich eine Trennung von selbst findet; – wir gehen dann in unsren gegenseitigen Beziehungen nur noch vom Standpunkte des äußren Lebens aus; wir werden unter einander befreundete Diplomaten, – wir schweigen da, wo es uns politisch erscheint, – und sprechen da, wo es unsre Ansicht von der Sache verlangt, und wenn wir von einander entfernt sind, sprechen wir am meisten. Ach, wie steht doch aber über alle dem die Liebe einer Mutter! Ich gehöre wol auch zu denen, die nicht immer so sprechen können, wie es ihnen im Augenblick um's Herz ist, – sonst würdest Du mich wol oft von einer viel weicheren Seite kennen gelernt haben. Aber die Empfindungen bleiben dieselben, – u. sieh Mutter, jetzt, – da ich von Dir fort bin, überwältigen mich die Gefühle des Dankes für Deine herrliche Liebe zu Deinem Kinde, die Du ihm zuletzt wieder so innig und warm an den Tag legtest, so sehr, daß ich Dir in dem zärtlichsten Tone eines Verliebten gegen seine Geliebte davon schreiben und sagen möchte. Ach, aber weit mehr, – ist denn nicht die Liebe einer Mutter weit mehr – weit unbefleckter als jede andre? – Nein, ich will hier nicht filosofiren, – ich will Dir nur danken, u. wiederum danken, – und ich möchte Dir gern alle die einzelnen Beweise Deiner Liebe aufzählen, für die ich danke, – wenn es nicht deren zuviel wären. Weiß ich doch, daß gewiß kein Herz so innig theilnahmvoll, so sorgenvoll mir jetzt nachblickt, wie das Deine, – ja, daß es vielleicht das einzige ist, das jeden meiner Schritte bewacht, – u. nicht etwa um kalt über ihn zu kritisiren, – nein, sondern um ihn in Dein Gebet einzuschließen. Warst Du nicht immer die Einzige, die mir unverändert treu blieb, wenn Andre, blos nach den äußeren Ergebnissen aburtheilend, sich filosofisch von mir wandten? Ich wäre ja auch über die Art anmaßend, wollte ich von Allen gleiche Liebe verlangen, ich weiß sogar, daß das gar nicht möglich ist – ich weiß es selbst. Dir dringt Alles aus dem Herzen, aus dem lieben, guten Herzen, das Gott mir immer geneigt erhalten möge, – denn ich weiß, wenn mich Alles verließe, würde es immer meine letzte, liebste Zuflucht sein.

O Mutter, wenn Du zu früh stürbest, eher, als ich Dir voll-kommen bewiesen, daß Du einem edlen, gränzenlos dankbaren Menschen so viel Liebe gewährt hast! Nein, das kann nicht sein, Du mußt noch viele schöne Früchte genießen! – Ach, wenn ich an die letzten acht Tage Deines Umganges gedenke! Es ist mir ein völliges Labsal, eine Erquickung, mir jeden einzelnen Zug Deiner liebenden Güte vor die Seele zu rufen! Meine liebe, liebe Mutter, – welch' ein Erbärmlicher wäre ich doch, wenn ich je gegen Dich erkalten könnte! –

Ich werde Euch für die Zukunft wenig von meinem Thun u. Treiben berichten, – sie urtheilen nach den äußeren Ergebnissen, u. die werden sie erfahren ohne mein Dazuthun. Sei es nun, wie und auf welche Art es wolle, ich bin nun einmal selbständig, u. will mir allein genug sein. O diese Demüthigung vor Brockhaus ist tief in mein Herz gegraben, u. die bittersten Vorwürfe peinigen mich, daß ich ihm das Recht in die Hände gab, mich zu demüthigen. Ich werde mich ganz mit ihm ausgleichen, aber nun und nimmermehr mit ihm einigen, und wenn ich darum Unrecht hätte, so will ich lieber mit diesem Unrecht sterben. Ich entziehe mich ihnen gänzlich. Recht kann nicht jeder Mensch haben, u. ich hatte Unrecht; – aber ich werde es ihnen – nie gestehen, sondern mich so stellen, daß ich ihnen nichts zu gestehen habe, – und dieß ist jetzt meine große Sünde gewesen, daß ich mich ihnen in die Hände spielte, daß ich mich so weit brachte, ihnen auch nur das mindeste Recht über mich einräumen zu müssen. Wir stehen übrigens einander so fern, daß es lächerlich wäre, mich mit ihnen einigen zu wollen. Und doch, wie freue ich mich über diese Katastrofe, die mich nun zur vollkommenen Erkenntniß brachte, daß ich von Niemand in dieser Welt etwas zu erwarten habe, sondern ganz allein auf mich angewiesen bin. Nun fühle ich mich erst selbständig. Denn das war es, was mir mangelte, und was mich erschlaffte und fahrlässig machte; – es war ein gewisses unbestimmtes, bewußtloses Vertrauen auf einen Rückhalt, das sich dummer Weise nicht nur auf Apel beschränkte, sondern auch noch andere barocke Richtungen nahm, über die ich fast lachen muß, meiner Dummheit wegen. Ich bin jetzt über Alles enttäuscht, und bin deshalb sehr froh. Meine Weichheit mußte diese Erfahrung machen, – sie wird mir in jeder Beziehung nützen. Ich bitte sie nur vor der Hand, mir ihre Theilnahme zu versagen, – sie würde mir lästig sein, – Du, – Dein Herz – Deine Liebe sei mein einziger Rückhalt, in denen ich in allen Nöthen meines kommenden Lebens Trost und Hoffnung suchen werde. Mutterliebe bedarf keiner Gründe, – jede andere will wissen warum sie liebt, u. wird daher nur zur Achtung.

Ich war in Teplitz und Prag, u. fand nichts weiter für meine Besorgungen, als die Bestätigung meines Planes, nicht nach Wien zu gehen, sondern nur noch mehr Hinweisungen auf die Richtung, die ich jetzt eingeschlagen. Moritz war in Prag u. hat mir in dieser Hinsicht viel an die Hand gegeben. Ich habe an alle Individuen, auf die ich reflektire, von Prag aus geschrieben, damit ich im Voraus weiß, woran ich mit ihnen bin, und keinen Weg umsonst mache. In Nürnberg erwarte ich ihre Antworten, wohin ich morgen oder übermorgen abgehe, da ich nur noch einen Brief aus Magdeburg erwarte, um mein hiesiges Geschäft in Ordnung zu bringen. In Nürnberg werde ich mich aufhalten; wenn ein Theater in der Auflösung ist, erwischt man manches leicht; – auch können mir Wolfram's über vieles Auskunft geben, so daß ich auf ihr Urtheil hin vielleicht manche Reise erspare. –

Meine liebe, liebe Mutter, – mein guter Engel, – leb' herzlich wohl, u. betrübe Dich nicht; – Du hast einen dankbaren Sohn, der nie, nie vergessen wird, was Du ihm bist; – mit der innigsten Rührung gedenkt Deiner

Dein

Richard

LEBT EIN LEBENSWERTES LEBEN

Julie Yip-Williams an Mia und Isabelle

Juli 2017

Übersetzt von Robert Brack

Am 19. März 2018, fünf Jahre nachdem bei ihr Darmkrebs im Stadium IV diagnostiziert worden war, starb die achtunddreißigjährige Julie Yip-Williams und hinterließ einen Ehemann und zwei Töchter. Ihre Kindheit und Jugend waren alles andere als leicht gewesen. In Vietnam geboren und von Geburt an blind, wäre sie im Alter von zwei Monaten beinahe auf Befehl ihrer Großmutter der Euthanasie zum Opfer gefallen, weil diese sie für lebensuntüchtig hielt; Jahre später kam sie mit ihrer Familie und anderen Flüchtlingen auf der Suche nach einem Leben in Frieden und Freiheit nach Hongkong. Sie konnte in die USA einreisen, wo sich ihre Lebensumstände deutlich verbesserten. Dank einer Augenoperation konnte sie nun eingeschränkt sehen, studierte in

Harvard und wurde eine erfolgreiche Anwältin. In ihrem vierten Lebensjahrzehnt erkrankte sie an Krebs, an dem sie schließlich auch starb. Über ihre Erfahrungen mit dem Krebs beichtete sie in einem Blog, der viele Leser fand und nach ihrem Tod in Buchform veröffentlicht wurde. Ein Jahr vor ihrem Tod schrieb Julie Yip-Williams einen Brief an ihre kleinen Töchter.

Liebe Mia, liebe Isabelle,

soweit ich das überblicken kann, habe ich alle logistischen Probleme gelöst, die mein Tod verursachen wird – für Euch und Euren Vater habe ich eine günstige Köchin engagiert, zudem habe ich eine Liste mit allen notwendigen Hinweisen angefertigt, zu welchem Zahnarzt Ihr geht, wann die Schulgebühren fällig sind, wann der Mietvertrag für die Geige erneuert werden muss und wer für das Stimmen des Klaviers zuständig ist. In den kommenden Tagen werde ich Videos machen von sämtlichen Einzelheiten, die unsere Wohnung betreffen, damit alle wissen, wo sich die Luftfilter befinden und welche Sorte Hundefutter Chipper gerne frisst. Aber all dies sind eher profane Dinge, leicht zu bewältigende, ganz alltägliche Probleme.

Mir ist klar geworden, dass ich als Mutter versagt hätte, wenn ich nicht versuchen würde, den Schmerz des Verlusts, den Ihr erleiden müsst, zu lindern, indem ich mich zumindest bemühe, jene Fragen anzusprechen, die sich Euch in Eurem jungen Leben wahrscheinlich am drängendsten stellen. Ihr werdet ein Leben lang die Kinder einer Mutter sein, die an Krebs gestorben ist, die Menschen werden Euch mit einer Mischung aus Anteilnahme und Mitleid begegnen (worüber Ihr Euch zweifellos ärgern werdet, auch wenn es alle nur gut meinen). Der Tod Eurer Mutter wird sich in das Muster Eures Lebens einweben wie ein dunkler Fleck in einem ansonsten makellosen Bild. Wenn Ihr auf andere Menschen in Eurer Umgebung blickt, die ihre Eltern noch immer haben, werdet Ihr fragen: Warum musste meine Mutter krank werden und sterben? Das ist nicht fair, werdet Ihr sagen und deswegen weinen. Und Ihr werdet Euch nach der Person sehnen, die Euch umarmt, wenn jemand gemein zu Euch ist, die zusieht, wenn Eure Ohrlöcher gestochen werden, oder die in der ersten Reihe sitzt und laut klatscht, nachdem Ihr ein Musikstück vorgespielt habt, die nervige Mutter, die unbedingt noch ein Foto mit Euch nach dem College-Abschluss machen will, die Euch am Hochzeitstag beim Ankleiden hilft und Euch Euer Neugeborenes abnimmt, damit Ihr endlich schlafen könnt. Und jedes Mal, wenn Ihr Euch nach mir sehnt, werdet

Ihr erneut leiden und Euch fragen, warum das so sein muss.

Ich weiß nicht, ob das, was ich hier aufschreibe, Euren Schmerz lindern kann. Aber es wäre nachlässig von mir, es nicht wenigstens zu versuchen.

Meine Geschichtslehrerin in der siebten Klasse, Mrs. Olson, eine ziemlich exzentrische Person, erwiderte immer, wenn wir Teenager uns darüber beklagten, etwas sei »nicht fair« (zum Beispiel wenn sie uns einen unangekündigten Test schreiben ließ oder wenn wir das »Unfair«Quiz spielten): »Das Leben ist nicht fair. Gewöhnt euch daran!«

Wir waren mit der Idee aufgewachsen, dass es so etwas wie Fairness geben muss, dass man alle Menschen fair und gleich behandeln und jeder die gleichen Chancen haben soll. Diese Erwartungen hegt man, wenn man in einem reichen Land aufgewachsen ist, wo Gesetze geachtet werden. Bereits im zarten Alter von fünf Jahren habt Ihr beide schreiend Fairness eingeklagt, als wäre es ein Menschenrecht (es war zum Beispiel nicht fair, dass Belle ins Kino gehen durfte, Mia jedoch nicht). Vielleicht sind solche Erwartungen in Bezug auf Fairness und Gleichbehandlung tief in der menschlichen Psyche und unserem moralischen Kompass verwurzelt. Ich bin mir nicht sicher.

Ich weiß aber ganz bestimmt, dass Mrs. Olson recht hatte. Das Leben ist nicht fair. Es wäre lächerlich, Fairness zu erwarten, vor allem, wenn es um Angelegenheiten wie Leben und Tod geht, Dinge, die außerhalb von Recht und Gesetz stehen, Dinge jenseits menschlicher Einflussmöglichkeiten, Dinge, die eindeutig in die Zuständigkeit von Gott fallen oder des Schicksals oder einer anderen unbekannten und unfassbaren Macht.

Auch wenn ich nicht ohne Mutter aufgewachsen bin, habe ich doch in anderer Hinsicht gelitten und schon in sehr jungen Jahren verstanden, dass das Leben nicht fair ist. Ich schaute zu, wie die anderen Kinder Auto fahren und Tennis spielen durften, während ich nur mit einem Vergrößerungsglas lesen konnte, und das schmerzte mich auf eine Art, wie Ihr es Euch jetzt vielleicht vorstellen könnt. Die Menschen schauten mich mitleidsvoll an, was ich wirklich verabscheute. Mir waren auch viele andere Dinge versagt; im Sportunterricht musste ich immer die Ergebnisse notieren und durfte nicht mitmachen. Meine Mutter hielt es nicht für notwendig, dass ich nach dem Englischunterricht auch noch Chinesisch lerne wie meine Geschwister, weil sie meinte, ich könnte die Schriftzeichen sowieso nicht erkennen. (Natürlich habe ich später auf dem College und im Ausland doch Chinesisch gelernt und meine Geschwister darin übertroffen.) Für ein Kind gibt es nichts Schlimmeres, als anders zu sein – auf eine negative, bemitleidenswerte Weise. Ich war oft sehr traurig. Ich weinte in meiner einsamen Wut. Wie Ihr musste auch ich mich mit Verlusten abfinden, dem Verlust der Sehkraft, womit viele andere Verluste einhergingen. Ich litt. Ich fragte nach dem Grund dafür. Ich hasste das alles, weil es so unfair war.

Meine lieben Kinder, die Frage nach dem Warum kann ich Euch leider nicht beantworten, jedenfalls nicht jetzt und nicht in diesem Leben. Aber ich weiß, dass in Schmerz und Leid auch ein unglaublicher Wert liegt, wenn man sich auf diese Erfahrung einlässt, wenn man weint, sich bemitleidet, sich grämt und sich verletzt fühlt. Geht durch das Feuer, und Ihr werdet auf der anderen Seite heil und gestärkt wieder herauskommen. Das verspreche ich Euch. Ihr werdet ganz bestimmt Wahrheit und Schönheit finden, Weisheit und Frieden. Ihr werdet verstehen, dass nichts für immer bleibt, weder der Schmerz noch das Vergnügen. Ihr werdet verstehen, dass es Freude nicht ohne Trauer geben kann. Es kann keine Linderung geben ohne Schmerz. Mitgefühl kann es nicht ohne Grausamkeit geben. Mut nicht ohne Angst. Hoffnung kann nicht ohne Verzweiflung existieren. Weisheit gibt es nicht ohne Leid. Dankbarkeit existiert nicht ohne Entbehrung. Das Leben steckt voller Widersprüche. Leben heißt, durch diese Widersprüche zu navigieren.

Mir hat meine Sehkraft gefehlt. Und ausgerechnet diese unglückselige körperliche Beeinträchtigung hat mich zum Besseren hin verändert. Anstatt dass ich mich in Selbstmitleid erging, hat dieser Umstand meine Ambitionen angestachelt. Hat mich erfinderisch werden lassen. Hat mich schlauer gemacht. Hat mir beigebracht, um Hilfe zu bitten, mich nicht wegen meiner körperlichen Beeinträchtigung zu schämen. Hat mich dazu gezwungen, ehrlich mit mir selbst und meinen Grenzen und letztlich auch mit anderen Menschen umzugehen. Es hat mich stärker und belastbarer gemacht.

Euch wird die Mutter fehlen. Als Eure Mutter wünschte ich mir, ich könnte Euch vor diesem Schmerz bewahren. Aber als Eure Mutter möchte ich auch, dass Ihr diesen Schmerz spürt, ihn lebt, ihn annehmt und dadurch etwas lernt. Dass Ihr dadurch stärker werdet, weil Ihr wisst, dass Ihr meine Stärke in Euch tragt. Seid mitfühlender deswegen; fühlt mit jenen, die auf ihre eigene Art leiden. Erfreut Euch am Leben und all seiner Schönheit; gebt Euch Eurer Lebensfreude und Eurer Begeisterung hin. Seid dankbar dafür, dass Ihr das Unsichere und Kostbare des Lebens kennengelernt habt auf eine Weise, wie es nur jemand spüren kann, der seine Mutter so früh verloren hat. Dazu, meine lieben kleinen Mädchen, möchte ich Euch auffordern. Dass Ihr diese schreckliche Tragödie annehmt und sie in eine Quelle der Schönheit, der Liebe, der Stärke, des Muts und der Weisheit verwandelt.

Viele werden dem nicht zustimmen, aber ich habe immer geglaubt, sogar als ich noch ein altkluges kleines Mädchen war und allein in meinem Bett vor mich hin weinte, dass es unsere Bestimmung ist, alles zu erfahren, was wir in Erfahrung bringen können, um in einem einzigen Leben so viel wie möglich vom Menschsein zu verstehen, ganz gleich, wie lang oder kurz es auch sein mag. Wir sind hier, um die ganze Bandbreite von Gefühlen kennenzulernen, die mit der menschlichen Existenz zusammenhängen. Und dank dieser Erfahrungen werden unsere Seelen sich weiten und wachsen und lernen und sich wandeln, und wir werden ein klein wenig mehr davon verstehen, was es heißt, ein Mensch zu sein. Ich nenne das die ›Evolution der Seele‹. Ihr wisst, dass Eure Mutter ein unglaubliches Leben hatte, das mit mehr als nur ihrem »fairen« Anteil von Schmerz und Leid angefüllt war, zuerst wegen ihrer Blindheit, dann wegen ihrer Krebserkrankung. Und ich ließ zu, dass

Schmerz und Leid mich bestimmten, mich veränderten, aber zum Besseren hin.

In den Jahren nach meiner Diagnose habe ich Liebe und Mitgefühl erfahren, wie ich es niemals für möglich gehalten hätte; ich war Zeuge und habe selbst erlebt, wie tief die Sorge für einen Menschen gehen kann, und das hat mich demütig werden lassen bis in meinen innersten Wesenskern und mich gezwungen, ein besserer Mensch zu werden. Ich habe Todesangst ausgestanden, die mich beinahe um den Verstand brachte, und trotzdem ist es mir gelungen, diese Angst zu überwinden und Mut zu fassen. Mein Blindsein und die Krebserkrankung haben mich so viel gelehrt, dass ich es hier gar nicht auflisten kann, aber ich hoffe, dass Ihr, wenn Ihr dies lest, verstehen werdet, wie es möglich ist, sich durch eine Tragödie positiv zu verändern, und Ihr werdet den echten Wert des Leids schätzen lernen. Der Wert eines Menschen liegt nicht in der Anzahl der Jahre, die er gelebt hat; er liegt eher darin, wie viel jemand in diesem Leben gelernt hat, wie viel jemand verstanden und begriffen hat, was für ein Durcheinander die zahlreichen Aspekte des menschlichen Daseins darstellen. Ich wäre lieber noch sehr viel länger mit Euch zusammengeblieben, wenn ich die Wahl gehabt hätte, aber wenn Ihr die Herausforderung annehmt, etwas durch meinen Tod zu lernen und bessere Menschen zu werden, dann wird das meinem Geist über alle Maßen Freude und Frieden bescheren.

Ihr werdet Euch verlassen und einsam fühlen und doch auch spüren, dass Ihr nicht allein seid. Es stimmt, dass wir allein durch dieses Leben gehen, weil jeder für sich fühlt und seine eigenen Entscheidungen trifft. Aber es ist möglich, die Hand auszustrecken und Gleichgesinnte zu finden, und indem man dies tut, fühlt man sich weniger einsam. Auch dies ist einer der Widersprüche des Lebens, und Ihr werdet lernen, damit umzugehen. Zuallererst und vor allem könnt Ihr Euch aneinander festhalten. Ihr seid Schwestern und durch verwandtschaftliche Bande und gemeinsame Erfahrungen besonders eng verbunden. Findet Trost in der jeweils anderen. Vergebt Euch immer und liebt einander. Und dann ist da auch noch Euer Vater. Und da sind Titi und

Onkel Mau und Tante Nancy und Tante Caroline und Tante Sue und viele andere liebe Freunde, die mich alle kennen und lieben – und die alle an Euch denken, für Euch beten und sich um Euch sorgen. Die Liebe all dieser Menschen umgibt Euch, damit Ihr Euch nicht einsam fühlen müsst.

Und darüber hinaus wird ein Teil von mir immer bei Euch bleiben, auch wenn ich gegangen bin. Mein Blut fließt durch Euch. Ihr habt meine besten Eigenschaften geerbt. Selbst wenn ich körperlich nicht mehr anwesend bin, werde ich auf Euch aufpassen.

Manchmal, wenn Ihr mit Euren Instrumenten übt, schließe ich die Augen, damit ich besser zuhören kann. Und wenn ich das tue, überkommt mich diese absolute Gewissheit, dass immer dann, wenn Ihr mit Hingabe und Leidenschaft auf der Geige oder dem Klavier spielt, die Musik mich mit ihrer besonderen Kraft zu Euch rufen wird und ich da sein werde. Ich werde dort sitzen und Euch anspornen, es immer wieder zu versuchen, erneut einzuzählen, den Ellbogen richtig zu halten und gerade zu sitzen. Und dann werde ich Euch umarmen und Euch sagen, wie gut Ihr das gemacht habt und wie stolz ich auf Euch bin. Das verspreche ich. Und selbst wenn Ihr längst aufgehört habt zu spielen, werde ich in besonderen oder ganz gewöhnlichen Momenten zu Euch kommen, wenn Ihr Euer Leben mit großer Hingabe und Leidenschaft lebt. Das könnte geschehen, wenn Ihr auf dem Gipfel eines Berges steht, die außergewöhnliche Schönheit um Euch herum bewundert und stolz darauf seid, dass Ihr es bis dort hinauf geschafft habt, oder wenn Ihr Euer Baby im Arm haltet oder zum ersten Mal weint, weil jemand oder etwas Euch das Herz gebrochen hat oder weil Ihr Euch unglücklicherweise eine ganze Nacht um die Ohren schlagen müsst wegen der Schule oder der Arbeit. Seid Euch bewusst, dass Eure Mutter einst genau das Gleiche gefühlt hat und dass ich da bin und Euch umarme und ansporne. Das verspreche ich.

Ich habe oft geträumt, dass ich, wenn ich sterbe, endlich wissen werde, wie es ist, die Welt ohne Beeinträchtigung der Sehkraft zu betrachten, ganz weit in die Ferne zu blicken, winzige Details eines Vogels wahrzunehmen oder ein Auto zu fahren. Ach, wie sehr wünschte ich mir, richtig gut sehen zu können nach all diesen Jahren, in denen es nicht möglich war. Ich sehne mich nach dem Tod, weil er mich ganz werden lässt, weil er mir das geben wird, was mir das Leben versagte. Ich glaube, dass dieser Traum wahr werden wird. Und genauso werde ich, wenn Eure Zeit gekommen ist, da sein und auf Euch warten, damit auch Ihr das bekommt, was Ihr verloren hattet. Das verspreche ich. Aber bis es so weit ist, lebt, meine lieben Kinder. Lebt ein lebenswertes Leben. Kostet das Leben aus, seid nachdenklich und dankbar, mutig und weise. Lebt!

Ich liebe Euch beide bis in alle Ewigkeit, durch Raum und Zeit. Vergesst das nie.

Mommy

BITTE, SAG'S DEINER MUTTER

G. K. Chesterton an

Marie Louise Chesterton

1900

Übersetzt von Timur Vermes

Im Jahr 1900 stand der sechsundzwanzigjährige britische Schriftsteller Gilbert Keith Chesterton vor einem beträchtlichen Problem: Seit einiger Zeit liebte er heiß und innig eine Dame namens Frances Blogg. Ja, er beabsichtigte sogar, sie zu heiraten. Allerdings hatte seine Mutter andere Pläne. Sie hatte für ihn bereits eine Ehefrau ausgespäht – Annie Firmin, die engelsgleiche Tochter ihrer Freundin. Und so schrieb er seiner Mutter eines Tages einen Brief, in dem er ihr seine missliche Lage erklärte – während er ihr am Küchentisch gegenübersaß. Der Brief muss funktioniert haben, denn im Jahr darauf heirateten G. K. Chesterton und Frances Blogg. Sie blieben bis zu seinem Tod 1936 zusammen.

1 Rosebery Villas
Granville Road
Felixstowe

Meine liebste Mutter,

Du hältst mein Verhalten vermutlich für etwas exzentrisch. Du sitzt mir gegenüber und sprichst – über Mrs. Berline. Aber ich wende mich deshalb in dieser Form an Dich, weil ich annehme, dass Du vielleicht erst darüber nachdenken möchtest, bevor Du mir schreibst oder mit mir sprichst.

Ich werde Dir die ganze Situation schildern, in der ich – glaube ich jedenfalls – das Richtige getan habe, auch wenn ich mir dessen nicht völlig sicher bin, und ich werde Dich um Deinen Rat bitten. Die Lage war ziemlich kompliziert, und nochmals, ich glaube, dass jedes andere Vorgehen falsch gewesen wäre. Aber sollte ich doch der größte Depp der drei Königreiche sein und nur Mist angerichtet haben, so gibt es doch eine Person, der ich stets vertraue und an die ich mich wenden kann.

Mütter wissen mehr von den Spinnereien ihrer Söhne, als es andere Leute können, und in Deinem Fall trifft das ganz besonders zu. Ich habe mich darüber immer gefreut und dessen nie geschämt: Das ist die Wahrheit und wird es immer bleiben. So was schreibt sich leichter, als es sich sagt, aber Du weißt, dass es stimmt, nicht wahr?

Ich kann kaum sagen, wie wichtig es mir ist, dass auch Du überzeugt bist, dass ich mein Bestes getan habe und dass mir durchaus bewusst ist, wie Dich dieser Brief, den ich jetzt gerade schreibe, treffen könnte. Ich hoffe sehr, dass Du zufrieden sein wirst.

Vor fast acht Jahren hast Du mal was gesagt, das ich mir gemerkt habe. Deine Bemerkung bezog sich auf eine hypothetische junge Dame, in die ich mich mal verlieben würde, und lautete: »Wenn sie gut ist, soll es mir egal sein, wer sie ist.« Ich weiß nicht, wie oft ich mir das in den letzten zwei, drei Tagen, in denen ich mich dazu entschloss, diesen Brief zu schreiben, vorgesagt habe.

Du brauchst nichts zu befürchten, es ist nichts Sensationelles oder Unwiderrufliches geschehen.

Ich bin weder verheiratet noch verlobt. Du bist in einem sehr frühen Planungsstadium in den Häuptlingsrat berufen worden. Wenn Du nichts dagegen hast, werde ich Dir kurz die ganze Geschichte erzählen.

Ich halte Dich für den gewitztesten Menschen, den ich kenne, wenn es darum geht, Dinge zu durchschauen: Daher denke ich mir schon, dass Du nicht glaubst, ich schlenderte jeden Sonntag runter zum Bedford Park, weil da die Gegend so schön ist. Es sollte mich nicht wundern, wenn Du bereits beinahe alles über die Angelegenheit wüsstest, die ich in diesem Brief schildere. Es genügt wohl, wenn ich kurz sage (schließlich legt keiner von uns Wert auf Lobhudeleien, dies ist ja kein Brief von Mrs. Ratcliffe), dass ich mich im ersten Abschnitt meiner Bekanntschaft mit den Bloggs einer sehr engen, ziemlich fröhlichen und platonischen Freundschaft mit Frances Blogg erfreute: zusammen lesend, redend, das Leben genießend, mit vielen gemeinsamen Ansichten zu vielen Themen. Im zweiten Abschnitt machte ich die aufregende, aber schmerzhaft verantwortungsvolle Entdeckung, dass Platonismus, wenigstens für mich, nicht alles war. Und an diesem Punkt befinden wir uns jetzt. Niemand weiß davon, außer ihrer Familie und Dir. Meine liebste Mutter, ich bin sicher, dass Dir das zumindest nicht gleichgültig ist.

Tatsächlich lieben wir uns mehr, als jeder von uns jemals sagen könnte. Ich habe Gefühle aus diesem Brief herausgehalten – ich denke, Du würdest sie nicht sehr schätzen. Aber Liebe unterscheidet sich extrem von Gefühlen, das ist etwas, worüber Du niemals lachen würdest. Ich werde nicht behaupten, dass Du Frances sicher mögen wirst, das sagen schließlich alle jungen Männer ihren Müttern, selbstverständlich, und ihre Mütter glauben ihnen niemals, selbstverständlich. Abgesehen davon, das traue ich mich zu sagen, würde ich mich freuen, wenn Du sie für Dich selbst kennenlernen würdest. Sie entspricht, wirklich, ziemlich der Art Frau, die Du magst, man sagt – glaube ich – »eine Frau, die Frauen mögen«, sehr witzig, inkonsequent und einfühlsam und beeinträchtigt durch eine nicht gerade umwerfend robuste Gesundheit.

Mehr kann ich nicht sagen, außer dass Du und sie die ganze letzte Woche meinen Kopf komplett belegt habt, was meine Zerstreutheit erklären könnte. Und dass ihr letzter Brief folgende Botschaft enthielt: »Bitte, sag's bald Deiner Mutter. Sag ihr, dass ich nicht so einfältig bin, zu erwarten, sie würde mich für gut genug befinden, aber dass ich trotzdem versuchen werde, es zu sein.« Eine Hoffnung, die mich schmunzeln lässt.

Jetzt stellst Du mir eine Tasse Kakao hin. Danke.

Glaube mir, meine liebste Mutter,

Dein Dich liebender Sohn

Gilbert

ICH WERDE IMMER BEI DIR SEIN

Milada Horáková an Jana Horáková

26. Juni 1950

Übersetzt von Alexander Wagner

Am 8. Juni 1950, neun Monate, nachdem die achtundvierzigjährige sozialistische Politikerin Milada Horáková von der tschechischen Geheimpolizei wegen des Verdachts verhaftet wurde, ein Komplott zum Sturz des kommunistischen Regimes angezettelt zu haben, wurde sie nach einem Schauprozess, der im nationalen Radio übertragen wurde und in dem sie standhaft geblieben war, des »Hochverrats« für schuldig befunden. Am 27. des Monats wurde Milada Horáková trotz internationaler Proteste und einer Petition, die unter anderem von Albert Einstein und Winston Churchill unterzeichnet war, im Prager Gefängnis Pankrác hingerichtet. In der Nacht vor ihrem Tod schrieb sie einen Brief an ihre sechzehnjährige Tochter Jana. 1991 verlieh ihr Präsident

Václav Havel posthum den Tomáš-Garrigue-Masaryk-Orden (1. Klasse).

Meine einzige kleine Tochter Jana,

Gott segnete mein Leben mit Dir. Wie Dein Vater in einem Gedicht aus einem deutschen Gefängnis schrieb, hat Gott Dich uns gegeben, weil er uns geliebt hat. Abgesehen von der wunderbaren, magischen Liebe Deines Vaters warst Du das größte Geschenk, das ich vom Leben erhielt. Das Schicksal hat mein Leben jedoch so gelenkt, dass ich Dir nicht all das geben konnte, was mein Geist und mein Herz für Dich vorgesehen hatten. Der Grund dafür war nicht, dass ich Dich nicht ausreichend geliebt hätte; ich liebe Dich genauso rein und innig wie andere Mütter ihre Kinder. Aber ich wusste, dass meine Aufgabe in dieser Welt darin besteht, Dir Gutes zu tun, indem ich dafür sorgte, dass das Leben aller Menschen besser wird und alle Kinder gut leben können. Und deshalb waren wir oft lange voneinander getrennt. Und jetzt ist es schon das zweite Mal, dass das Schicksal uns auseinanderreißt. Hab keine Angst und sei nicht traurig, wenn ich nicht zurückkehre. Lerne früh, mein

Kind, das Leben als ernste Angelegenheit zu begreifen. Das Leben ist hart, es verwöhnt niemanden, und für jedes Mal, dass es Dich streichelt, verpasst es Dir zehn Schläge. Gewöhne Dich bald daran, aber lass Dich davon nicht unterkriegen. Nimm den Kampf an. Habe Mut und klare Ziele, und Du wirst das Leben meistern. Vieles ist Deinem jungen Geist noch unklar, und mir bleibt keine Zeit mehr, Dir Dinge zu erklären, die Du mich sicher noch gerne gefragt hättest. Eines Tages, wenn Du groß bist, wirst Du Dir mit Sicherheit den Kopf darüber zerbrechen, warum Deine Mutter, die Dich so geliebt hat und deren größtes Geschenk Du warst, ihr Leben auf eine so seltsame Weise geführt hat. Vielleicht findest Du dann selbst die richtige Antwort, vielleicht sogar eine bessere, als ich sie Dir heute geben kann. Natürlich wirst Du nur dann die richtige und wahrheitsgemäße Lösung finden, wenn Du sehr, sehr viel weißt. Nicht nur aus Büchern, sondern auch von Menschen; lerne von allen, egal, wie unbedeutend sie Dir erscheinen mögen! Geh mit offenen Augen durch die Welt und achte nicht nur auf Deine eigenen Schmerzen und Interessen, sondern auch auf die Schmerzen, Interessen und Sehnsüchte anderer. Denke niemals, dass Dich etwas nichts angeht. Nein, alles muss Dich interessieren, und Du solltest über alles nachdenken, es vergleichen, scheinbar Getrenntes miteinander in Beziehung setzen. Der Mensch lebt nicht alleine auf der Welt; darin liegt ein großes Glück, aber auch eine große Verantwortung. Die Verpflichtung besteht vor allem darin, nicht selbstbezogen zu leben und zu handeln, sondern sich mit den Bedürfnissen und Zielen anderer zu verbinden. Das bedeutet nicht, in der Menge verloren zu gehen, sondern zu verstehen, dass man Teil von allem ist und daher sein Bestes in diese Gemeinschaft einbringen muss. Wenn Du das tust, wird es Dir gelingen, zu den kollektiven Zielen der menschlichen Gesellschaft beizutragen. Sei Dir dabei einer Grundregel bewusster, als ich es war: Gehe alles im Leben konstruktiv an – hüte Dich vor unnötiger Negativität –, ich meine damit nicht jegliche Form der Verneinung, denn ich glaube, dass man dem Bösen widerstehen muss. Aber um ein wirklich positiver Mensch zu sein, muss man lernen, wie man echtes Gold von Lametta unterscheidet. Es ist schwer, denn Lametta glitzert manchmal so blendend. Ich gestehe, mein Kind, dass ich oft in meinem Leben von Glitzer geblendet wurde. Und manchmal leuchtete es sogar so verlockend, dass man reines Gold aus der Hand fallen ließ und nach falschem Gold griff oder ihm hinterherrannte. Du weißt, wenn man seine eigene Werteskala richtig justieren will, muss man nicht nur sich selbst gut einschätzen und klar in der Analyse des eigenen Charakters sein, sondern man muss vor allem auch die anderen kennen und so viel wie möglich von der Welt, ihrer Vergangenheit, Gegenwart und zukünftigen Entwicklung. Kurz gesagt geht es um Wissen und Verstehen. Man sollte nicht die Ohren vor irgendetwas verschließen – nicht einmal, um jemand anderen mit seinen Gedanken und Meinungen auszuschließen, der mir auf die Zehen getreten ist oder mich sogar tief verletzt hat. Untersuche die Dinge, denke, sei kritisch, ja, sei kritisch vor allem mit Dir selbst. Schäme Dich nicht, eine Wahrheit zuzugeben, die Du erkannt hast, auch wenn Du vor Kurzem noch das Gegenteil verkündet hast; beharre nicht starrköpfig auf einer Meinung. Aber wenn Du etwas gründlich erwogen hast, dann sei bereit, dafür zu kämpfen und zu sterben. Wie Jiří Wolker sagte: Der Tod ist nicht böse. Vermeide es aber, schleichend zu sterben, was immer dann passiert, wenn man sich vom wirklichen Leben der anderen entfernt. Du musst dort Wurzeln schlagen, wo das Schicksal Dich hingestellt hat. Du musst Deinen eigenen Weg finden. Suche ihn in Unabhängigkeit, lass Dich durch nichts davon abbringen, nicht einmal von den Erinnerungen an Deine Mutter und Deinen Vater. Wenn Du sie wirklich liebst, wirst Du sie nicht verletzen, indem Du sie kritisch betrachtest – aber beschreite keinen Weg, der falsch und unehrlich ist und nicht mit dem Leben harmoniert. Ich habe meine Meinung oft geändert, viele Werte neu überdacht, aber schließlich blieb ein zentraler Wert übrig, ohne den ich mir mein Leben nicht vorstellen kann, die Freiheit meines Gewissens. Ich möchte, dass Du, mein kleines Mädchen, darüber nachdenkst, ob ich recht hatte.

Ein weiterer Wert ist die Arbeit. Ich weiß nicht, welchem der beiden Werte ich den höheren

Rang zuweisen soll. Lerne, die Arbeit zu lieben! Egal, welche Arbeit, aber Du solltest sie wirklich gründlich verstehen und beherrschen. Dann fürchte Dich vor nichts, die Dinge werden sich gut für Dich entwickeln.

Und vergiss nicht die Liebe. Dabei denke ich nicht nur an die rote Blüte, die sich eines Tages in Deinem Herzen entfalten wird und die, wenn das Schicksal Dich begünstigt, eine verwandte Blüte im Herzen eines anderen finden wird, sodass Eure Wege sich vereinigen. Ich denke an die Liebe, ohne die man nicht glücklich leben kann. Zerstückele niemals die Liebe – lerne, sie ganz und gar zu geben. Und lerne, gerade auch die zu lieben, die nicht gleich auf Anhieb liebenswürdig wirken – dann wirst Du kaum Fehler machen. Meine kleine Jana, wenn Du wählen sollst, für wen Dein Mädchenherz brennen und wem Du Dich wirklich hingeben sollst, erinnere Dich an Deinen Vater. Ich weiß nicht, ob Du je so ein Glück haben wirst wie ich, ob Du einem so wundervollen Menschen begegnen wirst, aber nimm Dir Deinen Vater als Ideal. Vielleicht hast Du, meine Kleine, bereits angefangen, schmerzlich zu verstehen, was wir an ihm verloren haben. Was ich am schwersten ertragen kann, ist, dass ich selbst Mitschuld an diesem Verlust trage.

Sei Dir der großen Liebe und der Opfer bewusst, die Pépik und Věruška für Dich bringen. Du solltest ihnen nicht nur dankbar sein … Du musst ihnen helfen, Euer gemeinsames Glück positiv und konstruktiv zu gestalten. Strebe danach, ihnen das Gute zu vergelten, das sie für Dich tun. Dann wirst Du vielleicht ihrer sanften Güte gerecht werden.

Ich habe von meinem Rechtsbeistand gehört, dass es Dir in der Schule gut geht und Du weitermachen willst … Das macht mich sehr glücklich. Aber selbst wenn Du eines Tages die Schule verlassen und für Deinen Lebensunterhalt arbeiten müsstest, höre nicht auf zu lernen und zu studieren. Wenn Du es wirklich willst, wirst Du Dein Ziel erreichen.

Ich hätte mir gewünscht, dass Du Ärztin wirst – Du erinnerst Dich sicher, dass wir darüber gesprochen haben. Natürlich musst Du selbst darüber entscheiden, und auch die äußeren

Umstände werden einen Einfluss darauf haben. Aber wenn Du eines Tages nicht nur an der Universität studiert und einen Abschluss in Medizin haben, sondern auch die Fähigkeit besitzen wirst, als Ärztin Menschen zu heilen – dann, mein kleines Mädchen … würde Deine Mutter sich ungemein freuen … Aber Deine Mutter wäre nur dann wirklich glücklich, wenn Du – egal, wo Du stehst, ob am Operationstisch, an der Drehbank, an der Wiege Deines Kindes oder am Arbeitstisch zu Hause – Deine Arbeit ordentlich, ehrlich, glücklich und mit ganzem Herzen verrichtest. Dann wirst Du darin erfolgreich sein. Sei nicht anspruchsvoll im Leben, sondern habe hohe Ziele. Das ist kein Widerspruch, denn was ich als anspruchsvoll bezeichne, sind egoistische Vorstellungen und Bedürfnisse. Dämme sie in Dir selbst ein. Mache Dir bewusst, dass angesichts der Katastrophe und der Schmerzen, die Dir widerfahren sind, Věra, Pépicek, Großmutter und Großvater … und viele andere versuchen werden, Dir alles zu geben, was sie haben, und sogar mehr, als sie haben. Du solltest das nicht selbstverständlich erwarten, sondern lernen, bescheiden zu sein. Wenn Du Dich einmal daran gewöhnt hast, wirst Du nie mehr unglücklich sein wegen eines Mangels an materiellen Dingen. Du weißt nicht, wie frei man sich fühlt, wenn man sich in Bescheidenheit übt … wie man sich über die Schwäche erhebt, wie viel sicherer und stärker man dann wird. Ich habe das an mir selbst erfahren. Und wenn Du auf diese Weise Deine Kraft verdoppelst, kannst Du Dir mutige hohe Ziele setzen … Lies viel und lerne Sprachen. Du wirst dadurch Dein Leben bereichern und Deinen Horizont um ein Vielfaches erweitern. Es gab eine Zeit in meinem Leben, in der ich unersättlich las, und dann wieder Zeiten, in denen die Arbeit es mir unmöglich machte, auch nur ein einziges Buch in die Hand zu nehmen, abgesehen von der Fachliteratur. Das war eine Schande. Hier habe ich in den letzten Monaten viel gelesen, sogar Bücher, die mich sonst wahrscheinlich gar nicht interessiert hätten, aber es ist eine große und wichtige Aufgabe, alles Wertvolle zu lesen, oder zumindest vieles davon. Ich werde Dir am Ende dieses Briefes auflisten, was ich in den letzten Monaten gelesen habe. Ich bin mir sicher, Du wirst an mich denken, wenn Du es selbst einmal liest.

Und nun noch etwas zu Deinem Körper. Ich freue mich, dass Du Dich sportlich betätigst. Betreibe das systematisch und mit Ausdauer. Ich denke, rhythmische Übungen sind gut, und wenn man die nötige Zeit hat, auch regelmäßige Gymnastik. Und diese Viertelstunde jeden Morgen! Glaub mir endlich, dass Du Dir damit viel Ärger im Hinblick auf unvorteilhafte Proportionen im Bereich der Taille ersparst, außerdem stärkt es Deinen Willen und Deine Beharrlichkeit. Achte auch auf Deinen Teint – ich meine nicht Schminke, Gott bewahre, sondern gesunde tägliche Pflege. Und kümmere Dich liebevoll um Deinen Hals und Deine Füße ebenso wie um Dein Gesicht und Deine Lippen. Bringe jeden Tag die Bürste zum Einsatz, und nicht nur für Deine Hände und Füße; benutze sie auf jedem Zentimeter Deiner Haut. Salicylalkohol und Fennydin, das reicht für die Schönheit, den Rest besorgen Luft und Sonne. Aber zu diesem Thema wirst Du sicher noch bessere Berater finden als mich.

Auf Deinem Foto habe ich Deine neue Frisur gesehen; sie ist schön, aber ist es nicht eine Schande, Deine schöne Stirn so zu verstecken? Und die Dame im Ballkleid! Wirklich, Du sahst bezaubernd aus, aber das scharfe Auge Deiner Mutter bemerkte einen Missgriff, der vielleicht darauf zurückzuführen ist, wie Du auf dem Foto platziert wurdest – war der Ausschnitt für Deine sechzehn Jahre nicht ein wenig zu tief? Schade, dass ich das Foto mit Deinem neuen Wintermantel nicht gesehen habe. Hast Du den Muff Deiner Tante als Pelzkragen benutzt? Übertreib es nicht, aber zieh Dich, wenn möglich, immer sorgfältig und ordentlich an. Und trage keine Schuhe, bei denen die Absätze heruntergetreten sind! Benutzt Du Einlegesohlen? Und wie geht es Deiner Schilddrüse? Diese Fragen erfordern natürlich keine Antwort, sie sind nur als Erinnerung vonseiten Deiner Mutter gedacht.

Im Gefängnis in Leipzig las ich ein Buch – die Briefe von Maria Theresia an ihre Tochter Marie Antoinette. Ich war sehr beeindruckt, wie praktisch und feminin diese Herrscherin sich in den Ratschlägen an ihre Tochter zeigte. Es war die deutsche Originalausgabe, und ich erinnere mich nicht mehr an den Namen des Herausgebers. Falls Dir dieses Buch jemals in die Hände fällt, erinnere Dich, dass ich damals beim Lesen beschloss, Dir auch einmal solche Briefe mit meinen Erfahrungen und guten Ratschlägen zu schreiben. Leider bin ich nicht über die gute Absicht hinausgekommen.

Janinko, bitte kümmere Dich gut um Großvater Král und Großmutter Horáková. Ihre alten Herzen benötigen jetzt ganz viel Trost. Besuche sie oft und lass Dir von ihnen über die Jugendzeit Deines Vaters und Deiner Mutter erzählen, damit Du diese Erinnerungen für Deine eigenen Kinder aufbewahren kannst. Auf diese Weise wird ein Mensch unsterblich, und wir werden in Dir und Deinen Nachkommen weiterleben.

Und noch eine Sache – Musik. Ich bin überzeugt, dass Du Großvater Horák für das Klavier, das er Dir geschenkt hat, danken kannst, indem Du fleißig übst und es Dir bald gelingt, Pépik zu begleiten, wenn er Geige oder Bratsche spielt. Das wünscht er sich so sehr. Bitte, tu ihm diesen Gefallen. Ich weiß, dass es ihm viel bedeuten würde, und es wäre wirklich schön. Und wenn Ihr gut zusammenspielen könnt, spielt mir die Arie aus *Martha*: »Letzte Rose, wie magst du / So einsam hier blühn?«. Und dann »Schlafe, mein Prinzchen, schlaf ein« von Mozart, und dann das Lieblings-Largo Deines Vaters: »Unter Deinem Fenster« von Chopin. Du wirst es für mich spielen, nicht wahr? Ich werde Dir immer zuhören.

Noch ein Letztes: Wähle Deine Freunde sorgfältig. Nicht zuletzt wird man auch stark von den Menschen geprägt, mit denen man sich umgibt. Wähle daher sehr sorgfältig. Sei in allem vorsichtig und höre auf die Meinungen anderer über Deine Freundinnen, aber ohne Dich davon abhängig zu machen. Ich werde Deinen süßen Brief nie vergessen (heute darf ich Dir das sagen), den Du einmal abends auf mein Kissen gelegt hast, um Dich zu entschuldigen, weil ich Dich am Tor in Begleitung eines Mädchens und eines Jungen erwischt hatte. Du hast mir damals erklärt, warum es notwendig sei, eine Bande zu haben. Habe Deine Bande, kleines Mädchen, aber aus guten und anständigen jungen Leuten. Und konkurriert miteinander vor allem im Guten. Nur bitte verwechsele die frühlingshafte Verliebtheit junger Menschen nicht mit echter Liebe. Hast Du mich verstanden? Wenn nicht, wird Dir Tante Věra erklären, was ich meine. Also, meine einzige süße Tochter, mein kleines Mädchen Jana, mein neues Leben, meine Hoffnung, meine zukünftige Vergebung, lebe! Ergreife das Leben mit beiden Händen! Bis zu meinem letzten Atemzug werde ich für Dein Glück beten, mein liebes Kind!

Ich küsse Deine Haare, Augen und Mund, ich streichle Dich und halte Dich in meinen Armen (ich habe Dich wirklich viel zu selten gehalten). Ich werde immer bei Dir sein. Ich schließe, indem ich das Gedicht, das Dein Vater 1940 im Gefängnis für Dich verfasste, aus der Erinnerung niederschreibe …

Es folgten ein von ihrem Mann geschriebenes Gedicht über die Geburt ihrer Tochter – inzwischen verloren – und eine Lektüreliste.

MEINE MISSION AUF ERDEN IST BEREITS ERFÜLLT

Vivian Rosewarne an seine Mutter

1940

Übersetzt von Joscha Faralisch

Im Mai 1940 kam der dreiundzwanzigjährige Royal-Air-Force-Offizier Vivian Rosewarne in der Schlacht von Dünkirchen ums Leben. Er war Co-Pilot eines Wellington Bombers, der über Belgien abgeschossen wurde. Kurz nach Rosewarnes Tod fand sein Kommandant, Oberst Claude Hilton Keith, in seinen Hinterlassenschaften einen unversiegelten Brief, der im Falle seines Todes an seine Mutter geschickt werden sollte. Dieser Brief machte auf seine Mutter und alle, denen sie ihn zeigte, einen derartig tiefen Eindruck, dass sie einen Monat darauf einwilligte, ihn anonym in *The Times* zu veröffentlichen, wo er auf breite Resonanz stieß. Tatsächlich war der Brief so beliebt, dass er bald danach in einem Buch publiziert wurde; 500 000 Exemplare wurden allein im Jahr seines Erscheinens verkauft.

Liebste Mutter,

obwohl ich keinerlei Vorahnung verspüre, überschlagen sich die Ereignisse, und so habe ich veranlasst, dass Dir dieser Brief geschickt wird, sollte ich von einem der bevorstehenden Angriffe nicht lebend zurückkehren. Einen Monat lang darfst Du die Hoffnung nicht verlieren, aber nach Ablauf dieser Zeit solltest Du der Tatsache ins Auge blicken, dass ich meine Pflichten an die ausgesprochen fähigen Kameraden bei der Royal Air Force übergeben habe, wie so viele großartige Männer vor mir.

Zunächst einmal wird es Dich trösten zu wissen, dass meine Rolle in diesem Krieg von größter Wichtigkeit war. Mit unseren Patrouillen weit über der Nordsee haben wir dabei geholfen, die Handelsrouten für unsere Konvois und Lieferschiffe frei zu halten, und in einem Fall konnten dank der Informationen, die wir weitergegeben haben, die Leben der Männer auf einem zerstörten Feuerschiff gerettet werden. Auch wenn es Dir schwerfällt: Du würdest mich enttäuschen, wenn Du nicht wenigstens versuchtest, vorbehaltlos zu akzeptieren, dass ich alles in meiner Macht Stehende tat, um meine Pflichten zu erfüllen. Mehr kann ein Mann nicht tun und niemand, der sich selbst einen Mann nennt, weniger.

Ich habe immer Deine unglaubliche Zuversicht im Angesicht fortlaufender Rückschläge bewundert; wie Du mir die bestmögliche Bildung und Erziehung mitgegeben und immer Haltung bewahrt hast, ohne das Vertrauen in die Zukunft zu verlieren. Mein Tod würde nicht bedeuten, dass Deine Mühen umsonst waren. Überhaupt nicht. Wer England dient, sollte keine Gegenleistung erwarten; unsere Existenz wäre wertlos, wenn wir unser Land nur als einen Ort betrachteten, an dem wir essen und schlafen.

Die Geschichte ist reich an glorreichen Namen, die alles gegeben haben; ihre Opfer haben das British Empire zu dem gemacht, was es ist: ein Ort, an dem Frieden, Gerechtigkeit und Freiheit für alle herrschen und an dem die Zivilisation einen höheren Standard erreicht hat als irgendwo sonst. Aber hier geht es nicht nur um unser Land. Heute stehen wir vor der größten

Herausforderung, vor der die Christenheit und zivilisierte Welt je stand, und ich schätze mich glücklich und fühle mich geehrt, bestens ausgebildet und im richtigen Alter zu sein, um mein ganzes Gewicht in die Waagschale werfen zu können. Dafür muss ich Dir danken. Doch es gibt nun noch mehr für Dich zu tun. Die Heimatfront muss noch Jahre, nachdem der Krieg gewonnen ist, geschlossen stehen. Und obwohl so vieles gegen ihn spricht, so muss ich doch darauf beharren, dass dieser Krieg auch eine sehr gute Sache ist: Jeder Einzelne kann für seine Prinzipien alles geben und alles wagen, so wie die Märtyrer in alten Zeiten. Egal, wie lange der Krieg dauern mag, eine Sache wird sich nicht ändern – ich lebe und sterbe als Engländer. Nichts anderes zählt auch nur einen Deut, und nichts kann das je ändern.

Du darfst nicht um mich trauern, denn wenn Dir die Religion und all das, was sie beinhaltet, wirklich etwas bedeuten, wäre das Heuchelei. Ich habe keine Angst vor dem Tod, ich verspüre vielmehr eine seltsame Euphorie. Ich will es nicht anders. Das Universum ist so unendlich und fortdauernd, dass das Leben eines Einzelnen nur durch die Größe des Opfers, das er bringt, gerechtfertigt werden kann. Wir werden auf diese Welt entsandt, um eine Persönlichkeit und einen Charakter zu entwickeln, die wir stets bei uns tragen und die uns nicht genommen werden können. Jene, die ihr Leben lang bloß essen und schlafen, älter werden und sich fortpflanzen, sind nicht besser als die Tiere.

Ich glaube fest daran, dass böse Dinge in die Welt gebracht werden, um uns zu prüfen; sie werden von unserem Schöpfer mit der Absicht geschickt, unseren Eifer zu testen, denn Er weiß, was gut für uns ist. Die Bibel ist reich an Beispielen, in denen der leichte Weg zugunsten moralischer Prinzipien verworfen wurde.

Ich schätze mich glücklich, das ganze Land gesehen und die unterschiedlichsten Menschen kennengelernt zu haben. Aber erst mit der letzten Prüfung, der des Krieges, halte ich die Entwicklung meines Charakters für abgeschlossen. Trotz meines jungen Alters ist meine Mission auf Erden bereits erfüllt, und ich bin bereit zu sterben. Es gibt nur eine Sache, die ich bereue: dass ich Deine letzten Jahre nicht glücklicher gestalten konnte, indem ich bei Dir war; aber Du wirst in Frieden und Freiheit leben, und ich werde dazu beigetragen haben, also ist mein Leben nicht umsonst gewesen.

Dein Dich liebender Sohn

DEINE DICH LIEBENDE TOCHTER

Louisa May Alcott an Abby May Alcott

13. Dezember 1854

Übersetzt von Markus Naegele

An Weihnachten 1854 – vierzehn Jahre vor der Erstveröffentlichung des ersten Teils ihres stark autobiografisch geprägten Romans *Little Women*, der sie berühmt machen sollte – gab die damals zweiundzwanzigjährige Louisa May Alcott ihrer Mutter diesen Brief mitsamt einem Exemplar der *Flower Fables*, einer Märchensammlung, die sie fünf Jahre zuvor für ihre Freundin Ellen Emerson geschrieben hatte. Ellens Vater Ralph Waldo Emerson war einer der führenden Vertreter der Transzendentalismus-Bewegung, genauso wie Louisas Vater Amos, ein willensstarker Mann, der in den 1840ern eine Kommune gegründet hatte, in der er mit seiner Familie kurze Zeit lebte. Er kümmerte sich auch persönlich um die Ausbildung seiner Kinder. Trotz der väterlichen

Dominanz hatte Louisa eine sehr viel stärkere Bindung an die Mutter, selbst eine Autorin, die der Tochter zum zehnten Geburtstag ein Federmäppchen mit folgender Widmung schenkte: »Liebe Tochter … wie versprochen schenke ich Dir dieses Federmäppchen, denn ich habe beobachtet, dass Du gerne schreibst. Dazu möchte ich Dich weiter ermutigen.«

20 Pickney Street,

Boston

25. Dez. 1854

Liebe Mutter,

in Deinen Weihnachtsstrumpf habe ich mein »Erstgeborenes« gelegt, und ich weiß, dass Du es trotz aller Fehler und Schwächen akzeptieren wirst (denn Großmütter sind immer gütig). Sieh es als ersten Versuch an für das, was noch vor mir liegt, denn so vieles spornt mich an, und ich hoffe, bald die Welt der Märchen und Fabeln gegen die Welt der Männer und das echte Leben eintauschen zu können.

Sollten sich Schönheit und Poesie in meinem kleinen Buch finden, so verdanke ich dies einzig und allein Deinem Interesse und Deiner Unterstützung; Du hast mich in meinen Versuchen stets bestärkt. Wenn ich je etwas erschaffen sollte, auf das ich stolz sein kann, so wird es mir die größte Freude sein, Dir dafür zu danken, wie ich Dir auch sonst für all das Gute in mir dankbar bin. Und ich werde mich damit zufriedengeben zu schreiben, wenn es Dich glücklich macht.

Jo macht Theater;*

Meine Lampe erlischt.

Liebe Mutter, mit den besten Wünschen für ein glückliches neues Jahr und frohe Weihnachten

Deine Dich liebende Tochter

Louy

* Jo ist eine der (fiktiven) Schwestern in *Little Women*.

ICH SCHREIBE DIR ZUM ERSTEN MAL NACH MEINER VERURTEILUNG ZUM TOD

Baya Hocine an ihre Mutter

Übersetzt von Julia Winkel

Baya Mamadi wurde 1940 in der Kasbah von Algier geboren. Bereits mit fünf Jahren wurde sie zur Waise und wuchs bei einer anderen Familie auf. Zehn Jahre später trat sie der nationalistischen Rebellenorganisation FLN bei und kämpfte mit sechzehn in der Schlacht um Algier gegen die Armee der französischen Kolonialmacht. 1957, kurz vor Weihnachten, wurde die siebzehnjährige Freiheitskämpferin, die sich nun Baya Hocine nannte, von den Franzosen verhaftet und zum Tode verurteilt. Sie informierte ihre Mutter in dem folgenden Brief. Hocines Verurteilung wurde schließlich aufgrund ihres jungen Alters aufgehoben, und sie wurde 1962 freigelassen. Sie arbeitete fortan als Journalistin und wurde 1979 Mitglied des Parlaments in Algerien, wo sie weiter für die Rechte Bedürftiger kämpfte.

Liebste Mutter,

ich schreibe Dir zum ersten Mal seit meiner Verurteilung zum Tod. Meine Schwestern und ich haben das Urteil mit Ruhe und Würde aufgenommen. Ich hoffe, Du wirst es ebenso tun. Ich kenne Deinen Mut und vertraue Dir; ich bin zuversichtlich, dass Du die richtige Haltung einnehmen wirst. Ich habe umgehend Einspruch eingelegt, und Du weißt jetzt, dass ich auf eine weitere Verhandlung warte.

Die Anwältin hat mich gestern besucht, nachdem Ihr Euch in der Gerichtsverhandlung getroffen habt. Sie war geschockt von dem Urteil, das gegen mich verhängt wurde. Auf jeden Fall versprach sie, Dich aufzusuchen.

Mir geht es gut, und ich habe alles, was ich brauche. Du kannst mich am Donnerstag besuchen.

Ich stehe Dir nah, oder?

Ich muss jetzt gehen, damit ich eine Bestandsaufnahme meiner Anziehsachen machen kann, denn unsere eigenen Kleider wurden gegen Gefängniskleidung ausgetauscht.

Küss die Kinder, Hadjila,
meine Tante.
Und grüß mir die Nachbarn.
Ich küsse Dich zärtlich.
Baya

ICH LIEBE SIE MEHR ALS ALLES

Martha Gellhorn an

Lucy Moorehead

1970

Übersetzt von Kristian Lutze

Martha Gellhorn wurde 1908 als eines von drei Kindern der Frauenrechtlerin Edna und des Gynäkologen George Gellhorn in St. Louis in Missouri geboren. Als sie 1998 starb, hatte sie sich einen dauerhaften Ruf als eine der größten Kriegsreporterinnen des 20. Jahrhunderts erworben; am bekanntesten sind ihre Reportagen aus dem Spanischen Bürgerkrieg und dem Zweiten Weltkrieg. 1970 zog sie im Alter von zweiundsechzig Jahren nach Knightsbridge, wo sie für den Rest ihres Lebens bleiben sollte. Es war auch das Jahr, in dem ihre geliebte Mutter Edna – einst eine führende Aktivistin und ähnlich engagiert und ambitioniert wie ihre Tochter – im Alter von einundneunzig Jahren starb. An der Seite ihrer dahinsiechenden Mutter schrieb Martha in Erwartung des Unvermeidlichen an ihre Freundin Lucy Moorehead.

Sonntag

St. Louis

Liebe Lucy,

hier sitze ich am Sterbebett meiner Mutter und warte mit ihr Tag für Tag auf ihr Entkommen. Ihr Leben lang hat ihr Gesicht nie gequält gewirkt, und nun sieht es aus, als ob aus Erschöpfung Schmerz geworden wäre. Sie ist Bergen-Belsen-dünn, nur Haut und Knochen. Wenn ich bei ihr bin, muss ich die ganze Zeit weinen – und in der restlichen Zeit habe ich das Gefühl, im Traum eines anderen zu agieren, unwirklich. Nichts ergibt einen Sinn oder ist erträglich. Ich denke an Dich, an die zehn Tage an Alans Bett, als er im Koma lag. Wenn man lange genug lebt, lernt man, so viel zu ertragen. Aber ich denke dann immer an die Konzentrationslager, um alle Strapazen, die ich durchmachen muss, aus angemessen weiter Perspektive betrachten zu können. Für sie ist es trotzdem eine unfassbare Qual – wenn sie, obwohl ihre Augen geschlossen sind, wach ist &

zu schwach, um zu sprechen –, und ich weiß, dass sie es weiß und verzweifelt denkt: Darf ich niemals gehen?

Ich liebe sie & und habe sie mehr geliebt als alles auf der Welt; sie ist meine einzige zuverlässige Liebe, und nun sehne ich mich danach, dass sie sterben darf und nicht hier verweilen muss, wo bis auf diese überwältigende Ermüdung nichts mehr übrig ist.

Ich werde bei ihr bleiben, solange sie atmet. Vielleicht weiß sie, dass ich sie umarme & ihre Hände küsse, und vielleicht fühlt sie sich weniger einsam. Ich habe so viel Tod gesehen, doch es ging immer schnell. Schnell ist ein Glück. Es gibt keinen Gott und keine Gerechtigkeit. Dieser großartige Mensch sollte nicht Tag für Tag endlos kämpfen müssen, um gehen zu dürfen. Ihre einzige leidenschaftliche Tat aus freiem Willen war die Verweigerung von Nahrung – die dummen Schwestern zwingen dreimal am Tag ein paar Löffel Milch in ihre Kehle, aber ich weiß, dass sie das Einzige tut, was sie tun kann, um das alles zu beenden.

O, Lucy – kehrt man danach mit auch nur der geringsten Fähigkeit zu lachen ins Leben zurück?

In Liebe
Martha

DEIN VERLUST BEGLEITET MICH

Karin Cook an Joan Cook Carpenter

1999

Übersetzt von Katja Bendels

Im Jahr 1989 starb die auf Long Island lebende Joan Cook Carpenter im Alter von zweiundfünfzig Jahren an Brustkrebs, den sie bis zum Ende vor ihrer Familie und ihren Freunden geheim gehalten hatte, um die Menschen, die sie liebte, nicht zu belasten. 1999, zehn Jahre nach ihrem Tod, schrieb ihre Tochter Karin Cook – damals neunundzwanzig Jahre alt – ihr diesen Brief. Sie schrieb ebenfalls einen preisgekrönten und zumindest teilweise von dieser Erfahrung inspirierten Roman mit dem Titel *What Girls Learn*.

Liebe Mom,

Um welche Uhrzeit wurde ich geboren?
Wann habe ich angefangen zu laufen?
Was war mein erstes Wort?

Mein Körper wird Deinem immer ähnlicher. Plötzlich erkenne ich Dich in mir wieder. Ich habe so viele Fragen. Ich suche die Antworten in der Luft. Horche auf Deine Stimme. Warte. Erkenne Sinn in der Art, wie Du gelebt hast. Ich stelle mir vor, was Du gesagt oder getan haben könntest. Manchmal höre ich die Antworten im Echo Deiner Abwesenheit. Die Vorstellung eines Mentors ist für mich immer ein wenig leer. Ich harre aus und hoffe auf Dich. Meine Identität hat sich trotz dieser Abwesenheit weiter geformt. Es gibt ein paar Frauen, die ich um Rat fragen kann, wenn ich ihn brauche. Aber ein Rat kommt immer von außen. Wissen von innen. Es gibt so vieles, das ich nicht weiß.

Welche Geheimnisse hattest Du?
Woraus hast Du am meisten Kraft gezogen?
Wann hast Du gewusst, dass Du sterben würdest?

Ich wünschte, ich wäre aufmerksamer gewesen. Die Dinge, die wirklich wichtig sind, hast Du mir schon früh mitgegeben – eine Art, zu sein und zu lieben und zu träumen. Es sind die alltäglichen Dinge, die mir häufig so schwerfallen. Voller Unsicherheit betrete ich jedes Mal eine Welt der Regeln und der Etikette und weiß in vielen Situationen nicht, was von mir erwartet wird. Mir fehlt eine gewisse Art von Selbstvertrauen. Entscheidungen und Abschiede fallen mir schwer. Ebenso wie Dinnerpartys, Feierlichkeiten und Zeremonien. Jede Form von Veränderung. Kleine Dinge erlangen symbolische Bedeutung. Jeder einzelne Gegenstand ist wichtig – der mottenzerfressene Pullover, die Fotos. Dein Silberbesteck. Meine Erinnerungen sind wie ein Album ungenutzt verstrichener Möglichkeiten. Dein Verlust begleitet mich.

Hast Du Dich selbst gemocht?
Was hast Du am meisten geliebt?
Wovor hattest Du am meisten Angst?

In den Wochen vor Deinem Tod habe ich so viele Fragen gestellt. Mit neunzehn musste ich hören, welche Hoffnungen Du für mich hattest. Auf Deinem Totenbett hast Du gesagt, Du würdest meine Liebe zu Frauen verstehen, und angedeutet, dass Du sie dennoch nicht gebilligt hättest. In Deiner Abwesenheit musste ich mir Deine Akzeptanz vorstellen.

Ich habe Entscheidungen getroffen, die Du nie so getroffen hättest, und irgendwie ist dieses Wissen schwieriger zu ertragen, als wenn ich mit Dir darüber streiten könnte. Meinen Handlungen fehlt die Entschlossenheit. Statt voranzustürmen, manövriere ich mich rückwärts in eine Entscheidung. Bei dieser Zögerlichkeit frage ich mich:

Hast Du manchmal an mir gezweifelt?
Hättest Du mich akzeptiert?
Was hast Du Dir für mich gewünscht?

Ich weiß, dass Du Dich durch meine politischen Entscheidungen bedroht gefühlt hast. Du warst immer darauf bedacht, nach außen hin den Schein zu wahren, gewisse Gefühle zu leugnen, unerwünschte Handlungen auszuradieren. Nach Deinem Tod habe ich viele Dinge offenbart, die Du lieber im Verborgenen gewusst hättest. Ich kann die Geheimnisse unserer Familie nicht länger für Dich wahren.

Ich suche nach Informationen über Dein Leben. Jedes Notizbuch, jeder Brief, jede Anekdote, die ich finde, ist von Bedeutung in meinem Verlangen danach, Dich und die Entscheidungen, die Du getroffen hast, zu verstehen. Ich weiß von Affären, Gewalt, all den Dingen, die ich Deinem Willen nach nie hätte erfahren sollen. Doch sie füllen die Leerstellen in meinem Gedächtnisspeicher und vervollständigen mein Bild von Dir.

Was für ein Mensch wolltest Du werden?
Hast Du je alleine gelebt?
Warum hast Du Dich scheiden lassen?
Glaubtest Du an Gott?

Eine Sache, die Du einmal gesagt hast, verfolgt mich noch immer. Als ich Dich über das Muttersein befragte, sagtest Du, Kinder bräuchten nicht so viel, wie Du gegeben hast. »Achtzig Prozent reichen vollkommen.« Ich war schockiert über Deine Worte. Hast Du es bereut, so viel von Dir selbst gegeben zu haben? Heute erscheinen mir diese Worte wie ein Geschenk. Als hättest Du mir damit ein Modell des Mutterseins geliefert, das sogar über Dein eigenes Beispiel hinausreicht.

Ich denke sehr oft daran, wie es wohl sein mag, Mutter zu werden, vielleicht sogar zu oft. Manche Leute sagen, dass ständige Gedanken an eine Geburt häufig ein Anzeichen für das Bedürfnis sind, sich selbst zu gebären, man selbst zu werden. Meine Trauer über Deinen Verlust ist sowohl ein Prozess der Selbstwerdung wie auch des Loslassens.

Was waren Deine letzten Gedanken?
Warst Du stolz?
Warst Du mit Dir im Reinen?
Wie fühlt es sich an, zu sterben?

Wie viel Angst Du gehabt haben musst, Deine Krankheit ganz allein zu ertragen. Das Ausmaß Deiner Isolation ist und bleibt mir ein Rätsel. In meinem Leben bemühe ich mich, mit anderen Menschen in Kontakt zu treten, sie an meinen Gedanken und Gefühlen teilhaben zu lassen. Ich fürchte nichts mehr als den Verlust. Ich schalte meinen Computer an. Erfinde etwas. Erzähle die Wahrheit. Jeden Tag arbeite ich daran, Verbindungen zu anderen Menschen aufzubauen. All diese Fragen lassen mich suchen, immer weniger nach Deinen Antworten als nach meinen eigenen.

In Liebe
Karin

LIEBE TÖCHTER

Patton Halliday Quinn an Edith Quinn

2015

Übersetzt von Stephan Kleiner

Patton Halliday Quinn wurde in Austin, Texas, geboren und brachte im Jahr 2014 ihre Tochter Edith zur Welt. Während der Schwangerschaft schrieb Patton ihrer ungeborenen Tochter einen Brief, in dem sie Edith Verhaltensratschläge für den Fall des Todes ihrer Mutter gab. 2015, nach Ediths Geburt, änderte Patton ihre Meinung.

Liebe Edith,

als Du noch in meinem Bauch warst und ich gerade herausgefunden hatte, dass Du ein Mädchen bist, habe ich Dir in einer meiner schlaflosen Schwangerennächte diesen Brief geschrieben. Ich wollte an Deinem dreizehnten Geburtstag mit Dir nach New York fahren und ihn Dir bei einem Eisbecher im Serendipity überreichen. Doch dann fing ich an, mir Sorgen zu machen: Was, wenn mir etwas zustoßen sollte? Ich schrieb den Brief, druckte ihn aus und versteckte ihn an einem Ort, an dem Du ihn ganz sicher finden würdest. Aber dann dachte ich: Was ist mit all den Töchtern von Müttern wie mir, die ihnen aus irgendeinem Grund nicht sagen können oder wollen, was sie alles wissen müssen?

Also.

Liebe Töchter,

dies ist *Das Gespräch*, von dem ich wünschte, meine Mutter hätte es mit mir geführt. Ich will, dass Ihr so viele Dinge erfahrt, und ich weiß nicht, in welcher Reihenfolge ich sie ansprechen soll, also fange ich einfach in der Mitte an. Es ist völlig in Ordnung, mit so vielen Leuten zu schlafen, wie Ihr wollt: mit Jungen, mit Mädchen, mit Fremden, mit Freunden. Lasst Euch nie einreden, dass Ihr Euch dafür schämen müsstet, Euer Menschsein ganz und gar auskosten zu wollen. Wenn Ihr angesichts Eures Menschseins Scham oder ein schlechtes Gewissen empfindet, und das werdet Ihr manchmal, dann ist auch das normal. Versucht, Euch so weit wie möglich, so oft wie möglich von Selbstkritik frei zu machen. Wenn Ihr *nicht* mit jemandem schlafen möchtet, ist das auch in Ordnung; sagt es einfach klar und deutlich: *Nein!* Aber früher oder später werdet Ihr merken, dass manche Männer Euch einreden wollen, sie wüssten nicht, ob Ihr sie wirklich liebt, wenn Ihr nicht mit ihnen schlaft. Fallt nicht darauf herein, denn das ist kompletter Blödsinn.

Solltet Ihr aber DOCH darauf hereinfallen (wie ich es getan habe), seid nicht zu streng mit Euch, wenn Ihr später merkt, dass Ihr hinters Licht geführt wurdet. Ihr seid nicht die Ersten, und Ihr werdet auch ganz sicher nicht die Letzten sein.

Seid vorsichtig. Das kann ich gar nicht genug betonen. Lasst regelmäßig Abstriche machen; lasst Euch regelmäßig auf sexuell übertragbare Krankheiten untersuchen; lasst Euch gegen Humane Papillomviren impfen. Nehmt die Pille und lasst ihn ein Kondom benutzen. Wenn er keins überzieht – und der Moment wird kommen, in dem er es nicht tut und Ihr es ihm durchgehen lasst –, sorgt dafür, dass er rechtzeitig herauszieht. Werdet Ihr versehentlich schwanger (so wie ich), solltet Ihr wissen, dass eine Abtreibung in Ordnung ist. Natürlich sollte das nicht Eure einzige Art der Verhütung sein. NATÜRLICH. Aber. Die meisten Frauen, die ich kenne, haben mindestens eine gehabt. Ihr solltet Euch nur darüber im Klaren sein, dass eine Abtreibung emotionale Konsequenzen hat. Manche Frauen bereuen es sofort. Manche bereuen es später, mit Mitte dreißig, wenn Ihnen klar wird, dass sich ihr

Zeitfenster schließt. Ich habe sofort Erleichterung verspürt; aber es vergeht kein Jahr, in dem ich mir nicht sage: »Hätte ich sie bekommen, wäre sie jetzt zwölf.« Und wenn Ihr eine Abtreibung hattet, sprecht darüber. Die Heimlichtuerei um Abtreibungen trägt nur zu ihrer Stigmatisierung bei.

Wenn Ihr lesbisch seid, ist das in Ordnung. Wenn Ihr transgender seid, ist das in Ordnung. Wenn Ihr hetero seid, ist das in Ordnung. Seid einfach Ihr selbst, aber solltet Ihr eine Zeit lang einmal jemand anders sein wollen, ist das auch verständlich.

Es gibt bestimmte Probleme im Zusammenhang mit häufigen Partnerwechseln und Dating. Es gab einige Jungs, mit denen ich zwanglos Sex haben und befreundet sein konnte, und es gab andere, in die ich mich verliebte und die diese Liebe nie erwiderten. Es machte mich wahnsinnig. Ich wartete ungeduldig auf einen Anruf oder eine Textnachricht, die niemals kamen. Leider gehört das dazu. Unerwiderte Liebe ist das niederschmetterndste Gefühl, das Ihr je haben werdet.

Es gibt noch eine andere Reihe von Problemen, die im Zusammenhang mit monogamen Beziehungen auf Euch zukommen werden. Folgendes solltet Ihr vermeiden: Euch für ihn schön machen zu wollen, bei ihm nach Bestätigung zu suchen oder Euer Selbstbewusstsein aus ihm zu ziehen. Ihr werdet diesen Fehler machen, wahrscheinlich eher früher als später, und das ist in Ordnung. Betrügt nicht und seid nicht unaufrichtig, weder ihm noch Euch selbst gegenüber. Falls doch – gebt es zu, entschuldigt Euch, schreibt es nieder und denkt darüber nach, warum Ihr es getan habt, und macht Euch dann auf den schmerzhaften Weg der Selbstvergebung.

Denkt daran, dass Liebe immer schmerzhaft und chaotisch und schwierig, aber immer auch heilsam und chaotisch und gut ist.

Es wird Momente geben, in denen Ihr so verletzt sein werdet, Momente, in denen Ihr mehr Schmerz empfinden werdet, als Ihr je für möglich gehalten hättet. Edith, als ich mit Dir schwanger war, hat mich Dein Vater verlassen, um dem Glücksspiel und seiner Crystal-Meth-Sucht nachzugehen, und es tat mir so weh, dass ich der Liebe für immer abschwor. Jedenfalls dachte ich das. Seid nicht allzu überrascht, wenn Ihr feststellt, dass das Universum andere Pläne hat, auch wenn Ihr glaubt, Euer Herz für immer abgeschottet zu haben. Ich habe mich lange Zeit Tag um Tag bemüht, Eurem Vater zu verzeihen. Eines Tages kam ich dann zu dem Schluss, dass Liebe nie so schmerzhaft sein kann wie Einsamkeit, also habe ich mein Herz wieder geöffnet. Ich fand heraus, dass der Schmerz sehr wohl tiefer gehen kann, aber mein Vermögen, abgrundtiefe Traurigkeit zu empfinden, nur bedeutet, dass ich auch Liebe umso tiefer spüren kann.

Töchter, es wird eine Zeit kommen, da werdet Ihr das Gefühl haben, im Universum allein zu sein, aber ich kann Euch sagen, dass das nicht stimmt. Denn alle Mütter stehen direkt hinter Euch. Wir stärken Euch den Rücken; wir halten Euch die Hand; wir stellen sicher, dass Ihr noch atmet. Wir lieben Euch, wir unterstützen Euch, wir verzeihen Euch, wir verstehen Euch, und es wird alles gut.

Dieser Brief hat als ein Brief an Dich angefangen, liebe Edith. Dann wurde er zu einem

Brief an alle Töchter. Es ist auch ein Brief an alle Mütter und Nichtmütter. Jetzt begreife ich, dass es wahrscheinlich vor allem ein Brief an mich selbst ist.

Ich liebe Dich mehr
als am allermeisten.

Mom

HÖRE, MOM

Wallace Stegner an Hilda Stegner

1989

Übersetzt von Thomas Krüger

1909 bekamen Hilda und George Stegner in Lake Mills, Iowa, einen Sohn, der später ein hochberühmter Schriftsteller werden sollte. Im Verlauf seiner Karriere, die über ein halbes Jahrhundert währte, gewann Wallace Stegner nahezu jeden Preis, mit dem ein Autor ausgezeichnet werden kann – unter anderem 1972 den Pulitzer-Preis für Belletristik. Darüber hinaus engagierte er sich als Umweltaktivist. Das Verhältnis zu seinen Eltern war überaus ambivalent: Sein Vater, ein ruheloser Spieler, schleppte die Familie von Stadt zu Stadt. Seine Mutter hingegen, die er aufrichtig liebte, wünschte sich nichts mehr als ein festes Zuhause. Sie starb 1933, vier Jahre nachdem Wallace' Bruder an den Folgen einer Lungenentzündung gestorben war. Fünfundfünfzig Jahre nach dem Tod seiner Mutter schrieb Stegner ihr einen Brief.

Höre, Mom,

in drei Monaten werde ich achtzig Jahre alt sein: dreißig Jahre älter als Du bei Deinem Tod, zwanzig Jahre älter als mein Vater bei seinem Tod, siebenundfünfzig Jahre älter als mein Bruder im Jahr seines Todes. Ich habe wohl die richtigen Gene und hatte ein wenig Glück. Ihr anderen seid nun schon lange nicht mehr hier.

Nur wenn ich mir die Schnürsenkel binde, komme ich mir vor wie achtzig. Ich, das kränkliche Kind, habe Euch alle überlebt. Aber ich fühle mich weder altersschwach noch weise oder souverän. Alter und Erfahrung haben aus mir keinen Nestor gemacht, der anderen Ratschläge für ihre Lebensführung erteilen könnte. Ich sehe mich eher wie Theodore Dreiser, der gestand, er werde wohl verwirrter aus dem Leben scheiden, als er hineingeraten ist. Anstatt verbittert zu sein, stoisch, ruhig, resigniert oder was auch immer passend erscheinen mag am Ende eines langen Lebens, muss ich gestehen, dass ich mich manchmal einfach nur verloren fühle und den Trost, das Verständnis, die bedingungslose Liebe und die

Vergebung suche, die Du für mich hattest, als ich fünf oder zehn oder fünfzehn Jahre alt war.

Vor fünfundfünfzig Jahren saß ich bei Dir, es war nach Mitternacht, die Krankenschwester schlief. Ich war bei Dir, als Du Deinen letzten Atemzug tatst. Einige Minuten vor Deinem Tod hattest Du Deinen Kopf noch einmal erhoben. Du hast »Welchen … Weg?« gesagt, und ich verstand, was Du sagen wolltest. Du befandst Dich an einer dunklen Kreuzung ohne Wegweiser. Eine Minute später sagtest Du: »Du bist ein guter … Junge … Wallace.« Und dann bist Du gestorben.

Mein Name war Dein letztes Wort. Dein Glaube an mich, Deine Liebe zu mir waren Deine letzten Gedanken. Ich konnte sie nicht leichter ertragen als Deinen Tod, und ich ging wie blind hinaus in die Novemberdunkelheit, wanderte Stunden umher, meine Gedanken zur Faust geballt.

Ich wusste, wie fern der Wahrheit Deine letzten Worte waren. So oft war ich kein guter, besonnener, nachdenklicher Junge gewesen. Ich wusste, Du konntest mein Gesicht nicht mehr erkennen und sprachst aus einem von Drogen und Medikamenten getrübten Traum. Ich war für Dich zu einer Erinnerung geworden, an der Du noch im Sterben hingst. Ich wusste, es war Liebe, die da sprach, nicht Du selbst. Du warst bereits gegangen, aber Deine Liebe überdauerte Dein Leben. Und ich hatte eine vage Ahnung, dass Du mir mit Deinem Tod eine große Verpflichtung auferlegt hattest: eine Verpflichtung, der ich mich nicht entziehen konnte. Ich würde niemals aufhören zu versuchen, derjenige zu werden, für den Du mich gehalten hast – wie dürftig oder unbeholfen oder traurig diese Versuche auch aussehen mochten.

So gesehen, bist Du nicht gestorben. Der Tod ist eine Übereinkunft, ein Zertifikat auf das Ende der Schmerzen. Etwas für die Bevölkerungsstatistik, nicht verpflichtend für irgendjemanden außer dem Verwalter der Sterberegister. Jetzt, wo ich hier am Tisch sitze und versuche, Dir etwas mitzuteilen, fünfundfünfzig Jahre zu spät, sehe ich ganz deutlich Deine gespitzten Lippen, Deine von Falten umrahmten Augen, und ich weiß genau, dass nichts von dem, was ich sagen mag,

Dich davon überzeugen könnte, ich sei weniger als der, für den Du mich gehalten hast. Die Liebe, die Du einmal gabst, ging nie verloren. Du lebst, bist in meinem Kopf lebendig. Du sprichst durch mich, wenn ich in einer Gefühlskrise stecke oder für jemanden Sympathie oder Anteilnahme empfinde – nur in den Momenten nicht, in denen ich nicht auf Dich höre. Du setzt meiner natürlichen Ungeduld Grenzen, meiner Arroganz und meiner Lust, mich mit anderen zu messen.

Wenn ich nicht ich selbst bin, beschämst Du mich, auch wenn Du mir vergibst. »Du bist ein guter … Junge … Wallace.« In den mehr als fünfzig Jahren, in denen ich Bücher und Kurzgeschichten schreibe, habe ich oft versucht, Dir gerecht zu werden, und ich war mit dem Erreichten nie zufrieden. Der Charakter, der Dir in den zwei halb autobiografischen Romanen *The Big Rock Candy Mountain* (*Der Berg meiner Träume*) und *Recapitulation* entspricht, ist eine Art passives Opfer. Leider muss ich zugeben, dass ich Deinem selbstsüchtigen und gewalttätigen Ehemann, meinem Vater, erlaubt habe, Dir die Show zu stehlen. Er hat Dich in den Romanen in den

Hintergrund gedrängt, so wie er es im wirklichen Leben tat. Ich hätte deutlich machen müssen, wie stark, wie widerständig Du warst, welch eine geduldige, beständige und verbindende Kraft – die Sanftheit, die auf lange Sicht stärker war als das, dem sie nachzugeben schien.

Aber versteh bitte, dass Du zu den Charakteren gehörst, die man kaum glaubhaft beschreiben kann. Wir sind skeptisch, wenn es um übermenschliche Güte geht, um Sympathie, die einfach da ist und durch nichts erschüttert werden kann. Wir misstrauen denen, die geduldig alle Probleme ertragen und mit großer Kraft allem und jedem vergeben. Immer wenn ich über Dich schrieb, fühlte ich mich an der Grenze zum Unglaubwürdigen, als ginge es um das Leben einer Heiligen oder die Legende einer duldsamen Griseldis. Ich musste Dich ein wenig verzerrt darstellen, Dir ein paar menschliche Schwächen, eigennützige Motive andichten. Heiligenqualitäten, abgesehen davon, dass sie auf dem Papier rührselig wirken, sind für all jene ein Affront, die daran scheitern – das heißt, für die meisten von uns. Und mehr noch: Frauen, so duldsam wie

Heilige, erzürnen jene, die heute für die Rechte und die Befreiung der Frauen kämpfen. Frauen, die ihr Leid in Würde ertragen, gelten als männliche Erfindungen, als allzu unterwürfige und allzu bewunderte Opfer männlicher Dominanz.

Nun, Du warst selten streitlustig, nicht in der Zeit, als ich Dich kannte. Und Du warst ein Opfer, ein wirkliches Opfer – inwiefern unterwürfig, ist eine andere Frage. Manche Menschen werden vermutlich selbstlos geboren. Manche erlangen Selbstlosigkeit, und manchen wird sie aufgezwungen. Du hast mir oft erzählt, dass Du mit einem hitzigen Temperament auf die Welt kamst und dass Du Dich anstrengen musstest, es zu kontrollieren. Ich denke, Dir waren Träume, Wünsche und Hoffnungen gegeben – und ein großes Vermögen, intellektuell und kulturell zu wachsen. Doch Du musstest lernen, diese Anlagen zu unterdrücken.

Das Leben gab Dir viele Gelegenheiten, Dich zu kontrollieren, Deine Wünsche zu verdrängen. Du wurdest Deiner Kindheit beraubt, und als junge, unerfahrene Frau trafst Du in Sachen Liebe eine fatale Entscheidung. Aber Du hast niemanden außer Dich selbst dafür verantwortlich gemacht. Du legtest Dich in das Bett, das Du selbst gemacht hattest – teils, weil Du als Frau und ohne Ausbildung kaum andere Möglichkeiten hattest, und teils, weil Deine Moralvorstellungen Dir vorschrieben, Verantwortung für Dein Handeln zu übernehmen. Hauptsächlich aber, weil Dir die Liebe sagte, es sei Deine höchste Verpflichtung, für Deine beiden Jungs zu sorgen und für den nutzlosen Ehemann. Sie brauchten Dich mehr, als sie es ahnten. Und allzu oft nahm man Deine Hilfe in Anspruch, als wäre sie eine Selbstverständlichkeit.

Wie ich hier so sitze und über Dich nachdenke, zog ich eben *The Big Rock Candy Mountain* aus dem Regal und suchte den Abschnitt über Deinen Tod. Ich konnte es kaum ertragen. Ich brach in Tränen aus, als ich las, was ich vor einem halben Jahrhundert unter Tränen schrieb. Du bist zugleich andauernde Gegenwart und eine niemals verheilende Wunde.

Ich war vierundzwanzig und immer noch ein Schuljunge, als Du starbst, aber ich habe mit Dir nun schon mehr als dreimal vierundzwanzig

Jahre zusammengelebt. Mit mir selbst beschäftigt, verrückt nach Sport oder Mädchen oder Büchern oder sonst was, habe ich es zu Deinen Lebzeiten nie geschafft, Dir zu sagen, wie wichtig Du für mich bist. Nur in jenen Momenten, als das Leben Dich zu erdrücken schien. Als mein Bruder Cece starb und Du Dich an mich wandtest, weil es niemanden sonst gab. Ich habe Deine Bedeutung wohl nie begriffen. Nun bedaure ich so vieles. Ich bedaure, dass Du für mich selbstverständlich warst, so wie für die anderen. Ich bedaure, dass Du starbst, bevor sich mein Leben zu entwickeln begann und es mir möglich gewesen wäre, Dich ein wenig für die ersten fünfzig Jahre Deines Lebens zu entschädigen. Aschenputtel sollte schließlich ihr Glück finden, befreit aus dem dunklen Haus ihrer Knechtschaft.

Einer meiner Freunde in jenem späteren Leben, das Du nicht mit mir teilen konntest, war der irische Schriftsteller Frank O'Connor. Er wurde als Michael O'Donovan in einem heruntergekommenen Haus in Cork geboren. Sein Vater war ein Trinker. Seine Mutter war eine Heilige; daran glaubte er fest. Er gab ihr Rollen in vielen seiner Kurzgeschichten. Und er schrieb zu ihrem Andenken ein Buch mit dem Titel *An Only Child* (*Einziges Kind*). Obwohl in seinem katholischen Glauben nicht sehr gefestigt, rechnete er damit, sie im Himmel zu treffen, von einem Glorienschein umhüllt. Aus dem, was er mir erzählte, schließe ich, dass sie war wie Du: auf unvergleichliche Art sie selbst. Doch an sich selbst dachte sie, wie Du, immer zuletzt.

Ich kann nicht glauben, dass er sich jetzt wirklich mit ihr im Himmel trifft, obwohl ich mir wünschte, dass dem so wäre. Ich kann auch nicht glauben, dass ich Dich irgendwann in naher Zukunft dort treffen werde. Aber was für eine Wiedervereinigung wäre das! Müsste ich konvertieren, um es zu ermöglichen, ich würde es tun! Wir vier miteinander vereint in einem Rahmen, der Unsterblichen vorbehalten ist. Wir würden es genießen. Ich bewunderte Frank O'Connor für sein großes Talent, aber ich liebte Michael O'Donovan für die Empfindungen gegenüber seiner Mutter. Und ich beneide ihn um die Gelegenheit, die er als Erwachsener hatte, ihr diese Empfindungen zu zeigen. Wenn die von

Männern dominierte Welt, mit all ihren Ungerechtigkeiten, von Zeit zu Zeit Frauen hervorbringt wie seine und meine Mutter, dann kann sie nicht ganz schlecht sein.

Als ich zu grübeln anfing, war ich in trüber Stimmung, erinnerte mich an den Jahrestag Deines Todes. Nun hast Du mich schon ein wenig aufgeheitert. Ich schrieb: Du bist nicht tot, und tatsächlich bist Du es nicht. Ich kann Dich immer noch hören, fröhlich beim geringsten Anlass. Du brauchtest nicht einmal einen Anlass, um fröhlich zu sein. Ich höre Dich bei der Arbeit singen und Deine Freude an andere weitergeben. Deshalb wollen wir also an Dein Leben erinnern – ein Leben, das viele Frauen Deiner Generation in gewisser Weise teilten, nicht immer mit der Last, die Du tragen musstest, und selten mit Deinem Gleichmut und Deiner Würde.

Ich weiß genug von Deiner Kindheit und Jugend, um zu ahnen, wie das Leben auf dieser Farm in Iowa und in der Stadt ablief, in der jeder Norwegisch sprach, Norwegisch las, seine Geschäfte auf Norwegisch erledigte und Norwegisch auch in der Kirche hörte. Die Familienbibel, die mir irgendwie vererbt wurde, ist eine norwegische und noch dazu in Frakturschrift gedruckt. Daneben steht dieses grotesk dicke Fünf-Pfund-Buch, das man Dir zu Deinem fünften Geburtstag schenkte: *Sandheden i Kristus – Wahrheiten in Christus,* ein Jahres-Kompendium mit religiösen Instruktionen und Meditationen. Man müsste so alt sein wie ich oder ein so strenger Lutheraner wie Dein Vater, um fünf Minuten der Lektüre zu ertragen.

Obwohl Dein Vater in diesem Land geboren wurde, hast Du Englisch erst in der Schule gelernt. Und Du lerntest mit großem Eifer. Einige unserer Verwandten sprechen auch nach fünf Generationen in den Vereinigten Staaten noch nicht akzentfrei. Du hattest nie einen Akzent. Du liebtest es zu lesen, und immer hast Du gesungen. Du kanntest die Texte von tausend Liedern. In meiner Zeit am College begriff ich mit Staunen, dass einige der Lieder, die ich Dich während der Arbeit im Haus hatte singen hören, Verse aus Tennysons *The Princess* waren. Vielleicht kanntest Du sie aus *McGuffeys' Reader*. Woher Du die

Melodien hattest, weiß Gott allein. Du hast immer das Beste aus dem gemacht, was Dir zur Verfügung stand. Und Du hast daran festgehalten.

Die Schulzeit war Deine schönste Zeit: Freunde, Spiele, Partys, die Freuden des Lernens. Für Dich gab es all dies nur sechs Jahre lang. Als Du zwölf warst, starb Deine Mutter an Tuberkulose. Du warst schlagartig erwachsen, wurdest die Haushälterin Deines Vaters, warst Mutter für Deine zwei jüngeren Brüder und Deine kleine Schwester. Und wenn man Dich nicht anderswo brauchte, musstest Du auf der Farm mithelfen. Während all der Jahre, in denen Du die Gelegenheit hättest haben sollen, ein junges Mädchen und manchmal einfach nur leichtfertig zu sein, trugst Du Verantwortung in einem Maß, an dem die meisten Erwachsenen zerbrochen wären.

Viele Farmersfrauen hatten ein Mädchen, das ihnen zur Hand ging. Du nicht. Du musstest diese Rolle selbst ausfüllen. Mit zwölf, dreizehn, vierzehn. Du hast für die fünfköpfige Familie Betten gemacht, geputzt, gekocht, genäht, Sachen ausgebessert. Du hast in einem launischen alten

Kohleherd gebacken: Brot, Kuchen, Plätzchen, Pasteten. *Lefse* und *Fattigmand* hast Du zubereitet und den *Lutefisk* angerichtet, ohne den kein norwegisches Weihnachtsfest vorstellbar ist.

Du hast sämtliche Wäsche gewaschen, was etwas ganz anderes war, als leicht verschmutzte Textilien in eine Waschmaschine zu stopfen. Du hast durch und durch verdreckte Farmkleidung gekocht und geschrubbt, mit nichts als dem Kupferboiler, der Zinkwanne, dem blechernen Waschbrett, ätzender Seife und der handbetriebenen Wringmaschine von 1890. Jede Woche einen rückenverkrümmenden Tag lang.

Zur Erntezeit hast Du oft frühmorgens auf dem Feld gearbeitet. Dann kamst Du heim, um das Essen für die Helfer zu kochen. Stundenlang hast Du an dem heißen Ofen in der stickigen Küche gestanden und Erbsen eingekocht, Mais, Tomaten, Bohnen. Gurken und Melonen hast Du eingelegt oder zu Senfgemüse verarbeitet. Wurde ein Schwein geschlachtet, hast Du Abscheu und Übelkeit überwunden und das Blut für den Blutpudding, den Dein Vater so schätzte, in einer Schüssel aufgefangen. Du hast Schweinsfüße eingelegt und Sülzfleisch geliert, Hackbällchen gebraten und in Töpfen in ihrem eigenen Schmalz eingelagert. Die Vorräte reichten für den ganzen Winter. Morgens und abends halfst Du beim Melken der Kühe. Du hast den Rahm von der Milch abgeschöpft und Butter in einem Butterfass gestampft. Den Käsebruch hast Du in Tüchern an die Wäscheleine gehängt, damit er austropfen konnte für den Hüttenkäse. Manchmal hattest Du Hilfe von Deinen Brüdern und der Schwester, insbesondere als sie älter wurden. Aber sie waren den Tag über in der Schule und klagten nachts über ihre Hausaufgaben.

Ich bin mir sicher, es gab Zeiten, da hast Du Dein Leben als Leibeigene bitter bereut. Wenn Du Deinen faulen, arbeitsscheuen Brüdern eine verpasst hast. Wenn da nichts als wütende Blicke waren für Deinen Vater, der in der guten Stube saß, im *Scandinavian* las und Dich übersah. Du stolpertest mit dem Kohleeimer herein, stelltest ihn laut neben dem Ofen ab, öffnetest die Ofentür, nahmst den Eimer und fülltest Kohle nach. Dann hast Du den Eimer wieder zurückgestellt und die Tür mit einem Knall geschlossen. Es waren die Jahre, in denen man Dir Selbstlosigkeit aufzwang; den schwierigen Prozess der Aneignung hattest Du damals noch nicht durchlaufen.

Aber wie sehr Du auch rebelliertest, um Deine Geschwister hast Du Dich immer gekümmert. Du warst verantwortlich für sie. Niemand nahm Dir diese Verantwortung ab. Sie nannten Dich Sis. Dein ganzes Leben lang nannten Dich Menschen Sis. Es war Deine Rolle, das warst Du geworden: die große, die helfende Schwester. Diejenige, auf die man sich verlassen konnte, zu der immer alle mit ihren Problemen kamen, Hilfe bei den Hausaufgaben suchend oder wegen eines Holzsplitters unter dem Fingernagel.

Nach sechs Jahren verkündete Dein Vater, er werde eine Deiner früheren Schulfreundinnen heiraten: ein Mädchen kaum älter als Du. Und ich frage mich, ob es Empörung war, die Dich aus dem Haus trieb, oder ob Deine Wut nicht vielleicht gemildert wurde durch die Tatsache, dass Du nun endlich so etwas wie Freiheit empfandst und sich Dir Perspektiven auftaten. Du warst achtzehn, groß gewachsen, stark, mit klarem Blick und dieser prachtvollen roten Mähne.

Auf den Schwarz-Weiß-Ferrotypien von damals siehst Du entschlossen aus. Es fehlt der resignierte Zug um den Mund, den Deine letzten Bilder zeigen. Vielleicht schien Dir damals die Welt offenzustehen, Deine Zeit der Gefangenschaft war Geschichte.

Aber niemand hatte Dich auf ein Leben voller Möglichkeiten und Freiheiten vorbereitet. Niemand hatte Dich gelehrt, den großen Traum zu träumen. Du hast nie in Erwägung gezogen, nach New York oder Chicago zu gehen und dort Deine Ziele zu verfolgen. Du hast wahrscheinlich nie daran gedacht, Schauspielerin zu werden oder Herausgeberin einer Frauenzeitschrift. Das Einzige, was sie Dir beigebracht hatten – nein, das meiste hast Du Dir selber beigebracht –, war, einen Haushalt zu führen und für andere zu sorgen. Darin warst Du großartig – und so hast Du, kaum dieser Tätigkeiten entbunden, mit Deiner Freiheit nichts anderes anzufangen gewusst, als nach North Dakota zu gehen und die Haushälterin eines alleinstehenden Onkels zu werden.

Dort trafst Du auf etwas, auf das man Dich ebenfalls nicht vorbereitet hatte: einen Mann, ganz anders als jeder, der Dir bisher begegnet war – einen groß gewachsenen, lachenden, unbekümmerten, respektlosen, aufschneiderischen Charmeur. Einen Eisläufer, Ballspieler, Tontauben-Meisterschützen. Einen, der jede Gelegenheit beim Schopf ergriff. Einen wahren Anhänger des amerikanischen Traums, sehr viel aus sehr bescheidenen Verhältnissen heraus zu erreichen. Einen rollenden Stein, der zuversichtlich darauf setzte, eines Tages mit Moos bedeckt zu sein. Die Zeit zwischen seinen Versuchen, im Nullkommanichts reich zu werden, verbrachte er damit, einen illegalen Saloon zu betreiben. Er verstieß in jeder Weise gegen die Frömmigkeit, für die Dein Vater stand. Vielleicht hast Du ihn deshalb geheiratet, gegen den massiven Widerstand Deiner Verwandten. Und vielleicht trug auch Dein Vater große Schuld an dem Fehler, den Du damals begingst.

Du hattest eine Totgeburt. Später das erste Kind, meinen Bruder Cecil. Noch später, während eines friedensstiftenden Besuchs in Iowa, bekamst Du mich. Danach, so hast Du mir einmal verraten, fandst Du heraus, wie man weitere

Kinder verhindert. Die Verantwortung für zwei war wirklich genug.

Die Chronik Deines Leben wäre ziemlich traurig, hättest Du mit Deinem Können, Deiner Heiterkeit unter schwierigsten Bedingungen und der Kraft, die Du aus jeder Niederlage zogst, nicht etwas ganz Eigenes daraus gemacht. »Beim nächsten Mal mehr Glück« – so habe ich Dich oft sagen hören, nachdem wir gerade einem Desaster entronnen waren. Und dann, kaum eine Minute später, fügtest Du mit dieser besonderen Mischung aus Ausdauer, Hoffnung und Ironie hinzu: »Nun ja, was uns nicht umbringt, das macht uns nur stärker«.

An North Dakota habe ich keine Erinnerungen. Die beginnen erst in den Wäldern von Washington, wo wir in einem Zelt lebten und eine Kantine für die Arbeiter in der Holzfällerstadt Redmond betrieben. Als ich an Scharlach erkrankte, machte ich Vaters Traum, nach Alaska zu gehen und baseballgroße Nuggets zu schürfen, zunichte. Es folgte eine wirklich schlimme Zeit. Du hast meinen Vater verlassen – oder er Dich, das wurde mir nie erklärt. Aber Cece und ich kamen in ein

Waisenhaus in Seattle, als Du in diesem Bon-Marché-Warenhaus angestellt warst. 1913 gab es für Dich als alleinstehende Frau mit zwei Kindern keine andere Möglichkeit. Als Du erfuhrst, wie schlecht es uns in dem Waisenhaus ging, holtest Du uns heraus und brachtest uns zurück in die einzige sichere Obhut, die zur Verfügung stand: das Haus Deines Vaters in Iowa.

Ich kann mir vorstellen, wie erniedrigend es für Dich gewesen sein muss. Ich ahne den Wortlaut der Briefe, die zwischen Dir und meinem Vater gewechselt wurden: seine Versprechungen, Deine Zugeständnisse. Im Juni 1914 brachen wir jedenfalls auf, um ihn im Tal des Whitemud oder French River zu treffen. In Saskatchewan. Vielleicht klang es in Deinen Ohren romantisch oder abenteuerlich. Vielleicht hast Du seinem *Kommt alle zu mir*-Enthusiasmus Glauben geschenkt und gedacht, er würde als Pionier im Westen sein Glück finden und Erfolg haben. Sehr wahrscheinlich hast Du gehofft, dass wir in einem Bretterdorf fünfhundert Meilen von der Zivilisation entfernt einen Neuanfang wagen und endlich eine Familie werden könnten: etwas, nach dem Du Dich sehntest und wofür Du großes Talent hattest. Wenn die Reise dorthin auch ein Verzicht war, so hatte man ihn Dir wenigstens nicht aufgezwungen: Diesmal war es Deine Wahl. 1914, im Alter von einunddreißig Jahren, hattest Du das Stadium der Selbstlosigkeit erreicht.

Saskatchewan ist das schillerndste Kapitel in meinem Gedächtnis. Dort habe ich zum ersten Mal bewusst elementare Dinge verstanden. Dort hatten wir für ein halbes Dutzend Jahre, was Dein größter Wunsch war: ein eigenes Haus, eine vereinte Familie und ein Leben – wenn auch ein hartes.

Ich erinnere mich an gute Tage, die wir gemeinsam verbrachten: Familienausflüge zum Beerenpflücken in die Cypress Hills, wo wir am Rand des Chimney Coulee picknickten und die riesigen Wolkenformationen, die nach Osten über die Prärie zogen, beobachteten. Du hobst ein Sandwich an den Mund und riefst: »Oh! Riecht an euren Händen!« Und das taten wir, inhalierten den Duft von Felsenbirnen, Stachelbeeren, Aronia, Feuerkirschen und Busch-Cranberrys, die allesamt durch unsere Hände gegangen waren.

Einmal, auf dem Heimweg von solch einer Expedition, kippte der Kutschwagen an einem steilen Hügel um und beförderte uns mitsamt unseren beerengefüllten Tiegeln und Töpfen ins Gras. Nachdem Du Dich kurz versichert hattest, dass wir wohlauf waren, brachst Du in Lachen aus und zeigtest auf die verstörten Pferde in ihrem verdrehten Zuggeschirr. Wir saßen da im Gras und haben uns gebogen vor Lachen, bevor wir uns aufrafften, die Beeren zusammensuchten, den Wagen wieder auf die Räder stellten, die Pferde aus ihrer misslichen Lage befreiten und heimfuhren. Singend, wie sonst? Eine Gelegenheit zum Singen hast Du niemals ausgelassen. Auch in der Küche hast Du gesungen – wenn Du dort zwischen all den Düften standst, die gesammelten wilden Beeren in Kuchen und Marmeladen und Soßen und Gelees verwandeltest und jede Menge von ihnen in Töpfen und Gläsern in den Kellerregalen einlagertest.

Kannst Du Dich noch an den Tag auf der Farm erinnern, an dem Pa diese riesige Wassermelone aus Chinook heimbrachte? Wir haben sie, so gut es ging, im Wassertank gekühlt, bevor wir sie im Schatten der Farmhütte vollständig aufaßen. Wie einfach und voller Erinnerungen ein guter Tag sein kann, wenn man keine großen Erwartungen hat. Du ermahntest uns, die Schalenstücke aufzubewahren, um sie einzulegen. Du warst wirklich gründlich geschult. Verschwendung kanntest Du nicht. Einer unserer Nachbarn erzählte mir Jahre später, wie erstaunt er darüber war, dass Du, nachdem Du zahlreiche Äpfel für Apfelkuchen geschält hattest, die Schalen eingekocht hast, um daraus Gelee zu machen.

Ich vermute, Du hast unsere damalige kleine Siedlung geliebt – trotz ihrer Makel.

Du liebtest es, Nachbarn zu haben, ihre Besuche, den Nachbarn zu helfen. Wenn es an uns war, die Sonntagsschul-Party auszurichten, hast Du das mehr genossen als die Kinder, hast Crokinole oder Cornhole gespielt, wie das Kind, das Du nie sein durftest. Du liebtest es, wenn der Fluss in schneeloser, windloser Kälte zufror und sich der gesamte Flusslauf in eine glänzende Eisbahn verwandelte. Das Dorf versammelte sich dann abends um große Feuer. Eisläufer in roten Mackinaw-Mänteln und leuchtenden

Schals bewegten sich wie Figuren aus einem Brueghel-Gemälde durch den Feuerschein, der sich in ihren Augen spiegelte und ihre Zähne blitzen ließ. Und der Atem der Gemeinde stieg in weißen Bäuschen hinauf in die Nacht.

Du liebtest es, wenn Deine Kinder regelmäßig zur Schule gingen und dort gute Leistungen zeigten. Du hast alle Bücher gelesen, derer Du habhaft werden konntest. Als Dein Onkel aus North Dakota starb und Dir eintausend Dollar vermachte, hast Du sie nicht unserem Vater überlassen. Der hätte ganz sicher eine Verwendung dafür gefunden. Stattdessen bestelltest Du bei Sears Roebuck ein Klavier und organisiertest für mich und meinen Bruder Unterricht bei der Frau des französischen Doktors. Ach, was haben wir Dich enttäuscht! Wir weigerten uns zu üben, trödelten herum und machten Blödsinn. Schließlich gabst Du auf. Aber so wenig Du es zulassen konntest, gute Apfelschalen den Schweinen zum Fraß vorzuwerfen, so wenig konntest Du es ertragen, ein Klavier ungenutzt in der Wohnung stehen zu haben. Also lerntest Du selbst Klavierspielen, hast Dir mit großem Eifer Melodie für

Melodie aus den Notenheften mit Volksliedern erschlossen. Wie hungrig Du warst! Was hättest Du aus den Möglichkeiten gemacht, die anderen zur Verfügung standen und von so vielen nicht wahrgenommen wurden!

Viele gute Tage hatten wir damals – aber, zunehmend, auch schlechte. Es kamen harte Zeiten.

Während Du Dich in dem abgelegenen Ort voller Beschränkungen, an den Dich der Enthusiasmus meines Vaters verschlagen hatte, immer besser zurechtfandst, fühlte er sich mehr und mehr gefangen, nannte ihn »ein dreckiges Nest inmitten der Einöde«. Auf der kleinen Farm, auf der wir die Sommer verbrachten, hatte er es in fünf Jahren auf eine gute und eine mittelprächtige Ernte gebracht. Aus einem Stück Pachtland nahe der Stadt holte er einmal im Sommer Hunderte Bushel Kartoffeln und lagerte sie im Keller eines Hotels ein, um den besten Preis abzuwarten. Und dann brannte das Hotel ab. Im folgenden Winter sorgte er für unseren Unterhalt, indem er Poker spielte. 1920 hielt er es nicht mehr aus. Er wollte weg, wütete, wollte endlich etwas tun, das ihm Erfolg brachte.

Schließlich bekam er seinen Willen, und wir verließen das, was Du hattest aufbauen können. Während der kommenden vierzehn Jahre lebtest Du in größerem Komfort und sahst viel vom Westen der Vereinigten Staaten. Du hast es immer noch geschafft, Deinen Jungs und Deinem Ehemann ein Zuhause zu bieten. Nur für Dich selbst war es keins. Wir wohnten in Dutzenden Dörfern und Städten, in noch mehr Nachbarschaften und in bestimmt fünfzig Häusern. Meinem Bruder und mir gelang es irgendwie, Stabilität in unsere Freundschaften und unseren Schulalltag zu bringen. Aber für Dich löste sich alles alle paar Monate auf. Du verlorst Freunde, sahst sie niemals wieder und bekamst nie die Gelegenheit, neue zu finden. Nie hattest Du eine jener Küchen, in der Frauen zusammenkommen, um Kaffee zu trinken und miteinander zu reden. Die meiste Zeit warst Du allein – in Great Falls, Salt Lake City, Reno, Los Angeles, Long Beach.

Du glaubtest fest an die Schönheiten, die Stärken verschiedener Orte und die Sozialkontakte, die sie boten. Mein Vater glaubte allein an Bewegung. Für Dich war das Leben ein

Geben. Er wollte nur nehmen. Als Cecil im Alter von dreiundzwanzig Jahren starb, war da keine einzige Freundin, der Du Dich hättest anvertrauen können, keine benachbarte Familie oder Freunde, die Dir hätten helfen können, den Verlust dessen zu ertragen, was Du Dein halbes Leben lang geliebt hattest.

»Du bist ein guter … Junge … Wallace.« Das beschämt mich. Es gab in Deinem Leben weniges, das Dir ein Maßstab für Gutes hätte sein können. Ich war nicht so schwer von Begriff und auch nicht so selbstsüchtig wie mein Vater, und ich bekam mehr Vertrauen geschenkt, als ich verdiente. Aber ich war nicht intelligent genug, um zu verstehen, welches Vorbild Du mir zeitlebens warst. Bis es zu spät war und Du starbst und ich nur noch Deine Hand halten konnte. Nun sitze ich hier, fast achtzig Jahre alt – zu alt, um noch in der Lage zu sein, mich entscheidend zu bessern. Ich kann nur noch bereuen.

»Du kannst es wenigstens versuchen« – hast Du immer gesagt, wenn ich vor einer Aufgabe zurückschreckte. Du hast mich zu vielem bewegt, was ich ohne Deine Ermunterung niemals gewagt hätte. Auch Niederlagen hinzunehmen, hast Du mich gelehrt, und ich habe das Wissen dann und wann gebraucht. *Wenn es dich nicht umbringt*, so hast Du behauptet, *wird es schon für was gut sein.*

Ich kann Dich lachen hören, während Du das sagst. Und ich bin mir sicher, dass ich Dich gleich werde singen hören.

ÜBERSETZERVITEN

Katja Bendels, Mutter, Tochter und Schwiegertochter, steht, wenn sie nicht gerade Familienromane übersetzt, täglich in regem Briefchen-Austausch mit ihrer siebenjährigen Tochter.

Kirsten Borchardt, Jahrgang 1964, beschäftigt sich als freie Texterin und Übersetzerin vor allem mit Popkultur und Fantastik – auch wenn ihre Mutter es viel lieber gesehen hätte, dass sie sich einen soliden Job sucht, in dem man irgendwann verbeamtet wird.

Robert Brack schreibt und übersetzt Romane und andere Texte, selten aber Briefe. Der briefliche Kontakt zu seiner Mutter beschränkt sich auf Postkarten. Es werden eher Päckchen geschickt, mit Büchern oder Kuchen.

Philip Bradatsch lebt und arbeitet als Musiker in München. Wenn er nicht gerade in irgendeinem der hintersten Winkel dieser Welt auf irgendeiner

Art Bühne steht, nimmt er dort Platten für das legendäre Trikont-Label auf. Was seine Mutter von diesen Platten hält, entzieht sich der Kenntnis der Herausgeber dieses Buches. Als gesichert gilt jedoch, dass sie regelmäßig bei Konzerten ihres Sohnes zugegen ist.

Joscha Faralisch lebt als freier Lektor und Redakteur in München. Die letzte Karte, die er seiner Mutter geschickt hat, ist bis heute nicht angekommen.

Stephan Glietsch übersetzt unter anderem die Werke der schottischen Autoren Irvine Welsh und John Niven, beide nicht unbedingt bekannt für ihre starken Mutterfiguren. Ihn selbst prägte neben der eigenen Mutter und Morticia Addams (geborene Frump) vor allem eine Mutter aus Berlin: Die gleichnamige Band um den Sänger und Texter Max Müller nährt wärmende Störfeuer und sinnstiftende Zweifel wie kaum jemand sonst.

Nikolaus Hansen, geboren 1951 in Hamburg, segelte um die Welt, studierte Philosophie, Geschichte und Anglistik, war Verleger u. a. von Rogner & Bernhard, Rowohlt, marebuchverlag, Arche, Atrium – und hat immer übersetzt, u. a. Joseph Conrad, Deborah Eisenberg und Edward St Aubyn, zuletzt Willy Vlautins *Ein feiner Typ*.

Norbert Jakober übersetzt sonst eher Geschichten, in denen ein kleines Stück Welt ins Bild gerückt wird, und diesmal einen kurzen Brief mit großen Folgen: Ein junger Mann verabschiedet sich im Krieg von seiner Mutter, und mit ihr von der Welt.

Ruth Keen wurde als Tochter einer wunderbaren Mutter in London geboren. Sie lebt und übersetzt in Berlin und ist schon länger Mutter eines herrlichen Kindes.

Stephan Kleiner, Jahrgang 1975, lebt als literarischer Übersetzer in München und würde auf diesem Wege gern seine Mutter grüßen. Hallo, Mama!

Lisa Kögeböhn, geboren 1984, Leipziger Literaturübersetzerin aus dem Englischen und Französischen, war neulich ganz gerührt vom ersten selbst verfassten Brief ihres sechsjährigen Sohnes.

Thomas Krüger lebt in Bergisch Gladbach und schreibt Krimis, Kinderbücher, Lyrik. Die Muttertage seines Lebens ab so sechzehn, siebzehn hat er oft mit den Mothers of Invention verbracht. Nach der Übersetzung des Briefes von Wallace Stegner ist er nachdenklicher geworden.

Andrea Kunstmann, Jahrgang 1970, studierte Germanistik, Romanistik und Buchwissenschaft und arbeitete danach als Verlagslektorin. Seit 2013 übersetzt sie aus dem Englischen, Französischen und Italienischen.

Conny Lösch lebt mit ihrem Mann und ihrer Tochter Polly in Berlin. Sie übersetzt u. a. Alan Parks, Jon Savage und Tracey Thorn aus dem Englischen.

Kristian Lutze lebt in Köln und übersetzt aus dem Englischen, viele Krimis, in denen Mütter gern auch mal böse sind, und Rockbiografien, in denen sie den begabten Nachwuchs manchmal im klapprigen Tourbus zum Gig chauffieren.

Tim Müller, geboren 1972, studierte in Köln, Berlin, Paderborn und arbeitet als stellvertretender Programmleiter im Piper Verlag, München. Seine Vorbilder sind Winston Churchill und Edgar Allan Poe, alles Weitere mag passieren.

Markus Naegele, geboren 1966 in Köln, zog für den Heyne Verlag 1998 nach München und ist heute Verlagsleiter von Heyne Hardcore. Liebt guten Rock'n'Roll und kommuniziert mit seiner Mutter bevorzugt per Telefon und zuletzt ganz modern über WhatsApp, viel zu selten per Brief.

Stefanie Schlatt, Münchnerin und Ex-Londonerin, übersetzt aus Leidenschaft und lebt von klassischer Musik und Plasmaphysik.

Katja Scholtz, 1971 geboren und aufgewachsen im Ruhrgebiet, lebt seit 2008 in Hamburg, wo sie das Buchprogramm von mare verantwortet. Wenn ihre Zeit es zulässt, übersetzt sie gelegentlich aus dem Englischen.

Jan Schönherr lebt in München und übersetzt aus dem Englischen, Französischen und Italienischen. Für seine Arbeit wurde er mehrfach ausgezeichnet, zuletzt mit dem Förderpreis zum Straelener Übersetzerpreis 2019. Seine Begeisterung für gute Bücher hat er sich von seiner Mutter abgeschaut.

Nicolai von Schweder-Schreiner übersetzt aus dem Englischen und dem Portugiesischen – sogar schon mal mit seiner Mutter –, u. a. José Saramago, Leonard Cohen, Douglas Coupland, Hari Kunzru und Jennifer Clement. Außerdem ist er Sänger und Gitarrist der Band Veranda Music. Er lebt mit seiner Familie in Hamburg.

Timur Vermes, Jahrgang 1967, Journalist und Schriftsteller, lebte zwei Jahre lang in Köln-Riehl.

Das dortige Kirmes-Motto lautete damals so wie heute: »Muttertag ist Schützenfest«.

Alexander Wagner lebt in München und übersetzt u. a. John Niven, Charlie Huston, Adam Sternbergh, Phil Hogan und Bob Odenkirk.

Julia Winkel, Jahrgang 1973, arbeitet als Lektoratsassistentin in München, wäre jedoch, wenn es nach ihrer Mutter gegangen wäre, Finanzbeamtin in St. Augustin geworden. In besonderen Lebenssituationen schreiben sie sich schon mal Briefe.

ABDRUCKNACHWEISE

S. 19: Melissa Rivers an Joan Rivers, Abdruck mit freundlicher Genehmigung von Melissa Rivers; S. 25: Anne Sexton an Linda Sexton, Abdruck mit Genehmigung von SLL/Sterling Lord Literistic, Inc. Copyright © 1981 by Linda Gray Sexton und Loring Conat, Jr.; S. 31: Julia DeVito an Kirk Douglas, Abdruck mit freundlicher Genehmigung von Danny DeVito und Kirk Douglas. Mit bestem Dank an CAA; S. 35: Caitlin Moran an Lizzie Moran, Abdruck mit freundlicher Genehmigung von Caitlin Moran; S. 43: E. B. White an Stanley Hart White, Copyright © 1936 by White Literary, LLC, Abdruck mit Genehmigung von ICM Partners; S. 57: Jessie Bernard an ihr ungeborenes Kind, Abdruck mit freundlicher Genehmigung von Claude Bernard und in Erinnerung an seine Schwester Dorothy Jackson; S. 65: B. D. Hyman an Bette Davis, mit Dank an B. D. Hyman. Bette DavisTM ist eine eingetragene Marke des Nachlasses von Bette Davis, www.BetteDavis.com;

S. 73: Queen Esther Gupton Cheatham Jones an Renée Cheatham Neblett, Abdruck mit freundlicher Genehmigung von Renée C. Neblett; S. 79: Hannah Woodhead an ihre Mutter, Abdruck mit freundlicher Genehmigung von Hannah Woodhead; S. 85: George Bernard Shaw an Stella Patrick Campbell, The Society of Authors im Auftrag des Nachlasses von Bernard Shaw; S. 99: Edna St. Vincent Millay an Cora B. Millay, Brief vom 15. Juni 1921 aus *Letters of Edna St. Vincent Millay*, herausgegeben von Allan Ross Macdougall, Copyright © 1952 und aktualisiertes Copyright © 1980 by Norma Millay Ellis, Abdruck mit Genehmigung von The Permissions Company, LLC im Auftrag von Holly Peppe, Verwalterin des literarischen Nachlasses, The Edna St. Vincent Millay Society, www.millay.org; S. 107: Martin Luther King Jr. an Alberta King Williams, Abdruck in Abstimmung mit den Erben des Nachlasses von Martin Luther King Jr., c/o Writers House als Stellvertreter des Inhabers New York, NY, Copyright © 1951 by Dr. Martin Luther King, Jr., Copyright © 1979 by Coretta Scott King; S. 113: Sylvia Plath an Aurelia

einem Teilunternehmen von Penguin Random House LLC, alle Rechte vorbehalten; S. 147: Julie Yip-Williams an Mia und Isabelle, »Life: 14. Juli 2017, Brooklyn, New York«, aus *The Unwinding of the Miracle: A Memoir of Life, Death and Everything that Comes After* von Julie Yip-Williams, Copyright © 2019 by The Williams Literary Trust, Nutzung mit Genehmigung von Random House, einem Imprint und Teilunternehmen von Penguin Random House LLC., alle Rechte vorbehalten, Abdruck mit freundlicher Genehmigung von Josh Williams; S. 169: Milada Horáková an Jana Horáková, Abdruck mit freundlicher Genehmigung von Jana Kansky; S. 185: Vivian Rosewarne an seine Mutter, Brief aus *The Dunkirk Evacuation in 100 Objects*, Abdruck mit Genehmigung von Frontline Books; S. 197: Baya Hocine an ihre Mutter, mit Dank an Feminist Press, Fatima Sadiqi und Marjorie Lightman; S. 201: Martha Gellhorn an Lucy Moorehead, mit freundlicher Genehmigung von Dr. Alexander Matthews, Verwalter des literarischen Nachlasses von Martha Gellhorn; S. 207: Karin Cook an Joan

Cook Carpenter, Abdruck mit freundlicher Genehmigung von Karin Cook, Autorin des Romans *What Girls Learn,* der Brief ist erstmals erschienen in *Letters of Intent*, einer Anthologie von Briefen an Mentoren, herausgegeben von Meg Daley und Anna Bondag; S. 215: Patton Halliday Quinn an Edith Quinn, Abdruck mit freundlicher Genehmigung von Patton Quinn; S. 223: Wallace Stegner an Hilda Stegner, »Letter, Much Too Late« aus *Where the Bluebird Sings to the Lemonade Spring* von Wallace Stegner, Copyright © 1989 by Wallace Stegner, erstmals erschienen in *Family Portraits* von Carolyn Anthony, Abdruck mit Genehmigung von Brandt & Hochman Literary Agents, Inc., alle Rechte vorbehalten, »Letter, Much Too Late« aus *Where the Bluebird Sings to the Lemonade Spring* von Wallace Stegner, Copyright © 1989 by Wallace Stegner, Abdruck mit Genehmigung von Random House, einem Imprint und Teilunternehmen von Penguin Random House LLC., alle Rechte vorbehalten.

Der Verlag hat sich bemüht, alle Urheberrechtsinhaber ausfindig zu machen und ihr Einverständnis für den Abdruck urheberrechtlich geschützten Materials einzuholen. Sollten dabei Fehler unterlaufen oder Angaben ausgelassen worden sein, bitten wir um Hinweise für künftige Ausgaben. Der Verlag wird begründete Ansprüche branchenüblich berücksichtigen.

DANKSAGUNG

Um einen *Letters-of-Note*-Band zum Leben zu erwecken, braucht man ein hingebungsvolles Team von unglaublich geduldigen Leuten. Auf dieser Seite will ich ihnen allen von Herzen danken, angefangen mit meiner Frau Karina – nicht nur, weil sie vor vielen Jahren den Grundstein meiner Leidenschaft für Briefe gelegt hat, sondern auch weil sie die komplexe und unerlässliche Aufgabe übernommen hat, sich um alle rechtlichen Aspekte zu kümmern. Eine besondere Erwähnung verdient auch Hannah Knowles, meine großartige Lektorin bei Canongate Books, die es irgendwie geschafft hat, trotz all der Steine, die ich ihr immer wieder in den Weg gelegt habe, den Fokus zu bewahren.

Genauso aufrichtig möchte ich mich bei folgenden Personen bedanken: dem einzigartigen Jamie Byng, dessen visionärer Enthusiasmus für die Reihe von unschätzbarem Wert war; allen bei Canongate Books, darunter Rafi Romaya, Kate Gibb, Vicki Rutherford und Leila Cruickshank;

meiner lieben Familie bei Letters Live: Jamie, Adam Ackland, Benedict Cumberbatch, Aimie Sullivan, Amelia Richards und Nick Allot; meiner Agentin Caroline Michel und allen anderen bei Peters, Fraser & Dunlop; den vielen Illustratoren, die an den schönen Covern dieser Reihe gearbeitet haben; den talentierten Interpreten, die den Briefen ihre großartigen Stimmen liehen, nicht nur bei Letters Live, sondern auch für die *Letters-of-Note*-Audiobooks; Patti Pirooz, jedem einzelnen Archivar und Bibliothekar der Welt; jedem bei Unbound; dem Team der Wylie Agency für die Unterstützung und das Verständnis; meinen Verlegern im Ausland für ihre fortwährende Unterstützung; und ganz entschieden meiner Familie, die mich durch diesen Prozess begleitet hat.

Und zu guter Letzt natürlich den Hauptpersonen: Danke an all die Briefeschreiber, deren Worte nun Teil dieser Buchreihe sind.

ISBN 978-3-453-27244-6

Die perfekten Geschenke

ISBN 978-3-453-27246-0

ISBN 978-3-453-27244-6

ISBN 978-3-453-27249-1

ISBN 978-3-453-27245-3

Shaun Ushers Briefesammlungen feiern »die Kunst der geschriebenen Korrespondenz mit all dem Humor, der Ernsthaftigkeit, der Traurigkeit und Verrücktheit, die unser Leben ausmachen.« *Brigitte* über *More Letters of Note*

Leseproben unter heyne-hardcore.de